亲亲汉语

친절한 중국어

LEVEL 1

亲亲汉语

친절한 중국어

곡효여 · 곡효운 지음

도서출판 그린

저자의 말

여러분에게 중국어는 무엇입니까? 성조언어다, 한자를 쓰는 언어다, 어순은 영어와 비슷하다 등의 생각을 갖고 있을 것입니다. 성조가 있고 한자를 쓰는 언어는 맞지만, 중국어가 영어와 비슷하다고 생각하면 중국어 학습에 지장을 줄 수 있습니다. 중국어는 영어보다 오히려 한국어와 더 가깝다는 것을 말씀드리고 싶습니다. 따라서 한국인은 중국어를 쉽게 배울 수 있습니다.

본 교재는 바로 한국인의 입장에서 중국어를 더 쉽게 배우는 방법을 제시하였습니다. 이 책을 통해 스스로 중국어 기초를 다질 수 있고 중국어의 간단한 회화를 구사할 수 있습니다. 또한, 중국 문화도 소개되어 있어 중국어와 중국 문화를 같이 공부할 수 있습니다. 본 교재의 특징은 아래와 같이 여섯 가지로 할 수 있습니다.

첫째, '중국과 중국어에 관한 기초지식'부터 시작해서 중국어의 발음을 상세하게 설명합니다. 중국어는 성조가 중요합니다. 그래서 각 과의 회화 공부 앞에 큰 소리로 따라하는 부분을 넣어 발음과 성조를 정확하게 익힐 수 있도록 하였습니다. 성조 중에는 3성이 가장 어렵습니다. 특히 3성이 음절의 첫부분과 끝부분에 위치할 때의 발음이 어려워서 본 교재에 실린 3성의 실제 음성 실험도와 성조 표기도를 통해 정확하고 자연스러운 3성을 발음할 수 있도록 독창적으로 해 놓았습니다.

둘째, 커뮤니케이션 빈도가 높은 단어로 회화 내용을 만들었습니다. 3과부터 매과는 먼저 큰 소리로 핵심 문장을 반복하여 읽으면서 중국어 어법을 파악하는 것부터 시작됩니다. 다음에 어법 부분에서는 많은 문장을 통해 어법을 익히도록 구성되어 있습니다. 이법을 억지로 외우지 않더라도 문장을 통해서 자연스럽게 습득할 수 있고, 배우고 나서도 쉽게 활용할 수 있습니다. 기초학습에서 많은 문장을 연습함으로써 자연스럽게 어법을 익혀 스스로 중국어를 말할 수 있도록 했습니다. 참고로 어법 중의 예문은 모두 녹음 되어 있습니다.

셋째, 중요한 부분은 더 잘 기억할 수 있도록 보라색으로 표시하였고 어려운 부분이나 유사한 단어들의 차이점 등에 대한 설명도 각 회화문의 아래에 첨부하였습니다. '한자만 보고 읽어 볼까요'에서는 자연스럽게 띄어 읽는 방법까지 제시하였습니다. 회화 부분의 다음에 모든 회화를 한어병음 없이 편집한 이유는 중국에서는 한자밖에 안 쓰기 때문에 학습자가 한자만 보고 읽는 연습을 하도록 하기 위한 것입니다.

넷째, 각 과의 마지막은 스스로 점검하는 부분입니다. 한국어를 보고 중국어로 말하기로 어법 부분의 중국어 문장을 익히고 배울 수 있도록 설계하였습니다. 한자의 독음과 의미를 익히기 위해서 한자의 병음과 뜻을 확인합니다. 회화 부분의 내용을 병음만 보고 한자 쓰기로 한자 연습을 할 수 있을 뿐만 아니라 배운 회화 내용을 다시 확인할 수 있습니다. 회화 내용에 근거하여 개인 상황에 따라 실질적인 내용을 대답할 수 있도록 유도합니다. 더 나아가 배경 회화까지 회화 능력을 향상시키도록 도와줍니다.

다섯째, 시대에 맞는 대화를 할 수 있도록 纸质书(zhǐ zhì shū, 종이책), 电子书(diànzǐ shū, 전자책), 平板电脑(Píngbǎn diànnǎo, 태블릿PC) 등의 신조어를 많이 활용하였습니다.

여섯째, 본 교재에는 별도의 워크북이 있습니다. 워크북을 통해 한자 연습을 하고, HSK 1급부터 3급까지의 유형에 맞추어 듣기, 말하기, 읽기, 그리고 쓰기 능력을 향상시킬 수 있도록 구성되어 있습니다.

본 교재는 설명이 자세히 되어 있고 회화, 많은 연습 문장이 모두 녹음되어 있어서 중국어를 혼자서 공부하는 학습자도 1주일에 1과씩 3개월이면 기본 회화를 구사할 수 있을 것입니다. 강의 교재로 사용하는 경우에는 한 학기의 강의 일정에 맞도록 10과로 구성하였습니다.

마지막으로 드리고 싶은 말씀은 저희들은 모두 한국에서 10년 이상 중국어를 가르치고 있는 중국 토박이로서 그 노하우들을 이 책에 다 실었습니다. 우리의 소원은 여러분들이 중국어를 사랑하면서 중국어를 배우는 것입니다. 따라서 이 책의 중국어 제목을 《亲亲汉语》(Qīnqīn Hànyǔ)로 하였습니다. 중국어 '亲'은 '뽀뽀하다'라는 뜻이 있는데 '亲'을 두 번 쓰면 친밀감을 나타냅니다. 요즘 중국에서 유행하고 있는 '亲'은 인터넷 용어로 '사랑하는 친구'를 의미합니다. 저희들도 중국어를 배우는 여러분이 중국어를 친구라고 생각하고 사랑하면서 더 잘 배울 수 있기를 바라는 마음입니다.

자, 이제부터 중국어 공부를 시작할까요?

곽효여 • 곽효운

주요 인물

본문에 나오는 주요 인물들은 4명이다.

金大韩
Jīn Dàhán 김대한

(북경 어언대학에서
공부하는 유학생)

朴美京
Piáo Měijīng 박미경

(북경 어언대학에서
공부하는 유학생)

王芳
Wáng Fāng 왕방

(북경 어언대학에서
공부하는 중국 학생)

李伟
Lǐ Wěi 이위

(북경 어언대학에서
공부하는 중국 학생)

일러두기

❶ 단어의 품사분류에 따른 약칭은 다음 표와 같다.

중국어	품사명	약칭	중국어	품사명	약칭
名词 míngcí	명사	명	副词 fùcí	부사어	부
动词 dòngcí	동사	동	介词 jiècí	개사	개
连词 liáncí	접속사	접	代词 dàicí	대명사	대
助动词 zhùdòngcí	조동사	조동	助词 zhùcí	조사	조
形容词 xíngróngcí	형용사	형	叹词 tàncí	감탄사	감
数词 shùcí	수사	수	前缀 qiánzhuì	접두사	접두
量词 liàngcí	양사	양	后缀 hòuzhuì	접미사	접미
专有名词 zhuānyǒumíngcí	고유명사	고	方位名词 fāngwèimíngcí	방위사	방
离合词 líhécí	이합사	이합	动量词 dòngliàngcí	동량사	동량

❷ 중국어의 문장 부호를 소개한다.

중국어	부호명	부호	중국어	부호명	부호
逗号 dòuhào	쉼표	，	顿号 dùnhào	모점 (문장에서 병렬 관계인 단어 또는 구 사이의 멈춤을 나타냄)	、
句号 jùhào	마침표	。	分号 fēnhào	쌍반점	；
问号 wènhào	물음표	？	单引号 dānyǐnhào	작은따옴표	‘ ’
叹号 tànhào	느낌표	！	双引号 shuāngyǐnhào	큰따옴표	“ ”

이 책의 학습내용

차례		학습 포인트	핵심 내용
중국이란?		1. 중국의 행정구역 2. 중국의 민족 3. 중국의 교육제도	성, 현, 향 56개 민족 입학전 교육 ~ 고등교육
중국어란?		1. 汉语(한어)란? 2. 汉语의 방언이란? 3. 汉语의 표준어란? 4. 한족이 사용하는 문자란? 5. 한어병음과 보통화의 음절구조	간화자와 번체자 한자의 편방 보통화의 음절구조
01	你好!	1. 단운모 2. 성조 3. 성모 4. 복운모 5. 한어병음의 표기원칙(1)(2)	1. 단운모: a, o, e, i, u, ü 2. 성조: 1성, 2성, 3성, 4성 3. 유기음: p, t, k, c, ch, q 4. 무기음: b, d, g, z, zh, j 5. 특별운모 er
02	我爱你!	1. 3성 연속과 반3성 2. 같은 성조를 연속으로 읽는 방법 3. 경성	1. 반3성 2. 1성+1성, 2성+2성 3성+3성, 4성+4성
03	你最近好吗?	1. 일반 의문문 ~ 吗 2. 형용사 술어문 3. 어기조사 ~ 呢	1. 你好! 2. 您好! 3. 再见! 4. 你最近好吗? 5. 我也很好。 6. 明天见!

차례		학습 포인트	핵심 내용
04	汉语很有意思。	1. 동사술어문 2. 의문대명사 什么, 怎么样 3. 정반의문문	1. 你吃什么? 2. 我吃油条。你吃不吃? 3. 我不吃油条, 我吃米饭。 4. 我喝咖啡。你呢? 5. 汉语很有意思。英语怎么样? 6. 英语也很有意思。
05	新华书店在哪儿?	1. 의문대명사 哪儿 2. 동사 在 3. 不太	1. 好久不见! 2. 你去哪儿? 3. 我去学校。 4. 请问, 新华书店在哪儿? 5. 对不起, 我不太清楚。 6. 就在那儿。
06	你叫什么名字?	1. 판단 동사 是 2. 어기조사 吧 3. 구조 조사 的 (1)	1. 老师, 您贵姓? 2. 你叫什么名字? 3. 你是哪国人? 4. 你是韩国人吧? 5. 你是哪里人? 6. 这是我的中国朋友李伟。
07	你家里有几口人?	1. 명사 술어문 2. 多+형용사 3. 几와 多少 4. 양사	1. 你家里有几口人? 2. 家里都有什么人? 3. 你今年多大? 4. 你父母多大年纪? 5. 你父母做什么工作? 6. 你的手机号码是多少?

차례		학습 포인트	핵심 내용
08	你几点有课?	1. 시각 읽기 2. 년-월-일-요일 읽기 2. 전치사 在 3. A 请 B ~	1. 今天星期几? 2. 我每天都有课。 3. 你的生日是几月几号? 4. 今天就是我的生日。 5. 我今晚在萨拉伯尔办生日聚会, 请你来参加。 6. 好的, 我一定去。
09	今天我请客。	1. 위안화 읽기 2. 연동문 3. 조동사 要 4. 이중목적어문	1. 我喝美式咖啡。 2. 我们去喝杯咖啡, 怎么样? 3. 去哪家咖啡馆好呢? 4. 你要吃什么? 5. 一杯美式咖啡、一杯卡布奇诺 和一块芝士蛋糕。 6. 一共多少钱?
10	你的爱好是什么?	1. 의문대명사 谁 2. 선택의문문 3. 구조 조사 的 (2)	1. 你的爱好是什么? 2. 这个周末你打算做什么? 3. 星期六上午十点在学校门 口见, 怎么样? 4. 你喜不喜欢听音乐? 5. 你喜欢听谁的歌? 6. 你最喜欢听的是中国歌还是韩 国歌?

교재의 구성 및 특징

1

학습포인트 学习重点

각 과에서 다룰 내용을 핵심적으로 요약해서 제시

2

회화 会话

실제 대화에 자주 사용하는 단어를 위주로 하여 회화를 구성

3

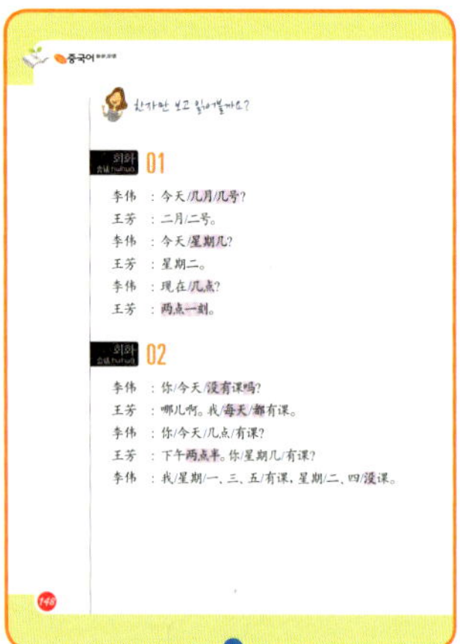

한자만 보고 읽어볼까요?

띄어 읽기를 자연스럽게 할 수 있도록 설계

4

새로 나온 단어 生词

각 과의 새로 나온 단어를 모아서 정리

5

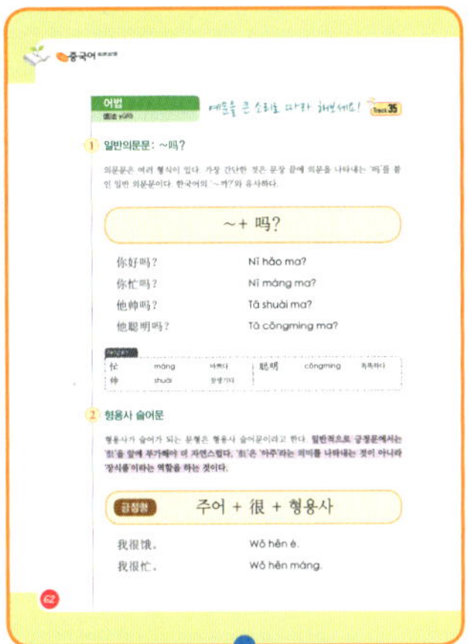

어법 语法

꼭 알아야 하는 핵심 어법을 많은 문장을 통해 익힐 수 있도록 구성

6

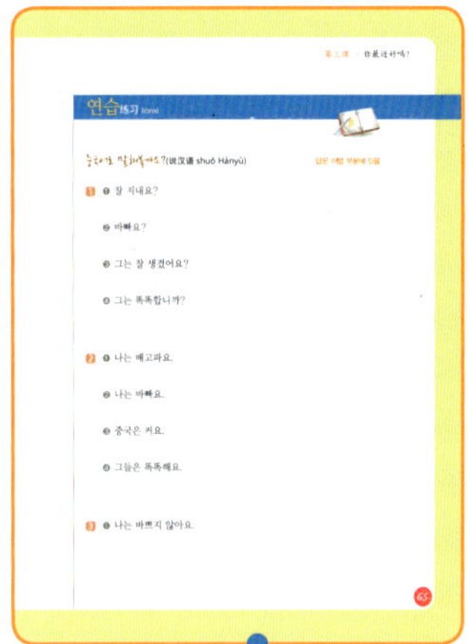

연습 练习

각 과에서 꼭 알고 넘어 가야 할 부분을 연습

7

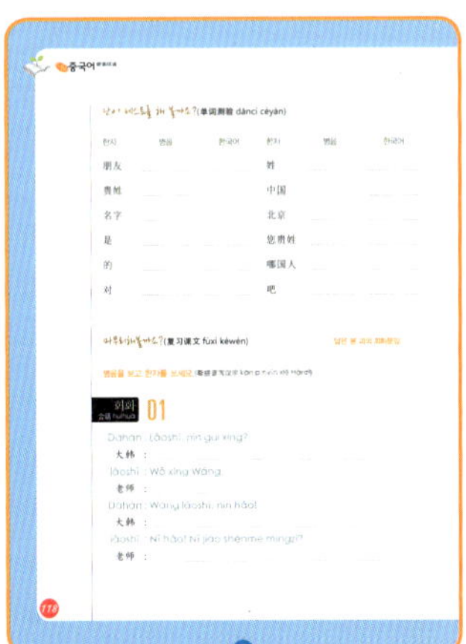

마무리 해볼까요?

스스로 마무리 할 수 있도록 전체적인 내용을 종합적으로 정리

8

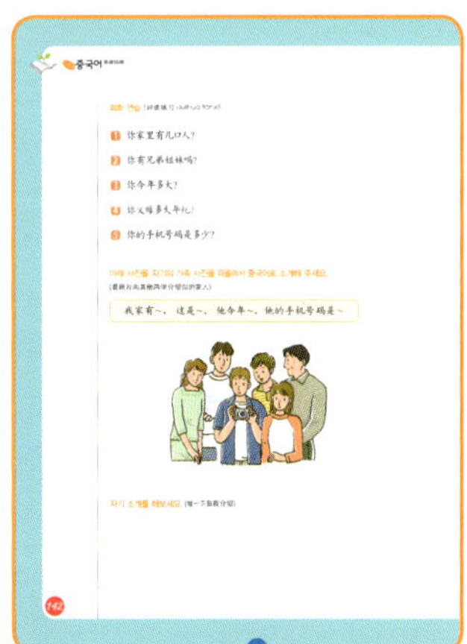

그룹 회화

회화 능력 향상을 위한 상황별 대화 연습

목차

저자의 말			5
주요 인물			7
일러두기			8
이 책의 학습내용			9
교재의 구성 및 특징			12
목차			14
중국과 중국어에 관한 기초지식			16
一	Nǐ hǎo! 你好!	안녕하세요!	24
二	Wǒ ài nǐ! 我爱你!	사랑해요!	42
三	Nǐ zuìjìn hǎo ma? 你最近好吗?	넌 요즘 잘 지내니?	54
四	Hànyǔ hěn yǒuyìsi. 汉语很有意思。	중국어는 아주 재미있어요!	70

五 Xīnhuá Shūdiàn zài nǎr?
新华书店在哪儿? 신화서점은 어디에 있나요? 88

六 Nǐ jiào shénme míngzi?
你叫什么名字? 이름이 뭐예요? 104

七 Nǐ jiā li yǒu jǐ kǒu rén?
你家里有几口人? 식구는 몇 명입니까? 122

八 Nǐ jǐ diǎn yǒu kè?
你几点有课? 당신은 몇 시에 수업이 있나요? 144

九 Jīntiān wǒ qǐngkè.
今天我请客。 오늘은 제가 사겠습니다. 162

十 Nǐ de àihào shì shénme?
你的爱好是什么? 당신의 취미는 뭐예요? 180

본문해석 198

중국과 중국어에 관한 기초지식

중국이란?

면적

면적 약 960만km². 세계에서 세 번째로 큰 나라로 세계최고의 산맥과 고원이 있다. 기후와 지형이 천차만별이며 남부 열대 지역부터 북극과 기후가 비슷한 북부 지역, 고도로 산업화된 현대적 동부 해안 지방에서 사람이 거의 거주하지 않는 서부 사막과 산악 지역에 이르기까지 다양하다.

행정구역

중국의 행정구역은 크게 성(省 shěng), 현(县 xiàn), 향(乡 xiāng)으로 나누어져 있다.

- 22개 성(省 shěng) : 河北, 河南, 陕西, 山西, 山东, 甘肃, 辽宁, 吉林, 黑龙江, 云南, 贵州, 福建, 广东, 海南, 四川, 湖北, 湖南, 江西, 安徽, 江苏, 浙江, 青海

• 5개 자치구(自治区 zìzhìqū) : 广西壮族自治区，内蒙古自治区，宁夏回族自治区，西藏自治区，新疆维吾尔自治区

• 4개 직할시(直辖市 zhíxiáshì) : 北京市，天津市，上海市，重庆市

• 2개 특별행정구(特别行政区 tèbiéxíngzhèngqū) : 澳门 Àomén
香港 Xiānggǎng

민족

중국은 다민족 국가이며, 공식적으로 인정된 민족은 56개이다. 한족(汉族 Hànzú)은 90%이상의 인구를 차지하고 있다. 나머지 55개 소수민족 중 인구가 100만 명 이상인 민족은 장족(壮族 Zhuàngzú), 몽고족(蒙古族 Měnggǔzú), 회족(回族 Huízú), 조선족(朝鲜族 Cháoxiǎnzú)등 18개 민족이 있다.

교육제도

중국의 교육제도는 아래와 같다.

• 입학전 교육(学前教育) : 幼儿园 yòu'éryuán 유치원

• 초등교육(初等教育) : 小学 xiǎoxué 초등학교 6년

• 중등교육(中等教育) :

初中 chūzhōng 중학교 3년

高中 gāozhōng 고등학교 3년

普通高中 일반 고등학교

职业高中 기술고등학교 :
3년 동안 기술 교육을 중심으로 하고 졸업한 후에 대학 진학이 가능

中专 zhōngzhuān 중등 전문학교 :
2년 전공공부 + 1년 실습으로 졸업한 후에 바로 취직

• 고등교육(高等教育) :

大专 dàzhuān 전문대 2~3년

本科 běnkē 4년제 대학

研究生 yánjiūshēng 대학원

중학교에서 중등 전문학교나 고등학교로 진학하기 위해 한 도시를 중심으로 같은 시간에 같은 시험지로 '中考 zhōngkǎo'라는 시험을 본다. 대학에 진학하기 위해서는 매년 6월 7~9일에 전국적으로 통일된 대학입시(高考 gāokǎo)를 보는데, 일부 성과 직할시는 대학 입시를 따로 보기도 한다.

중국어란?

한어란?

한국에서 일반적으로 중국 사람들이 하는 말을 '중국어'라고 부른다. 이 '중국어'라는 명칭은 일본어의 '中国語: ちゅうごくご'에서 온 것이다. 중국 사람들은 자기네 말을 '中国话 Zhōngguóhuà' 또는 '汉语 Hànyǔ'라고 부른다. '汉语'는 중국에서 한족(汉族)의 언어를 통틀어 가리키는 말이다.

汉语의 방언이란?

한어는 여러 방언 지역이 있는데 이 방언 지역들을 방어구(方言区 fāngyánqū)라고 부른다. 汉语의 방언 지역은 크게 관화(官话 Guānhuà)방언구, 오(吴 Wú)방언구, 상(湘 Xiāng) 방언구, 감(赣 Gàn)방언구, 객가(客家 Kèjiā)방언구, 월(粤 Yuè)방언구, 민(闽 Mǐn)방언구 등 7가지가 있다.

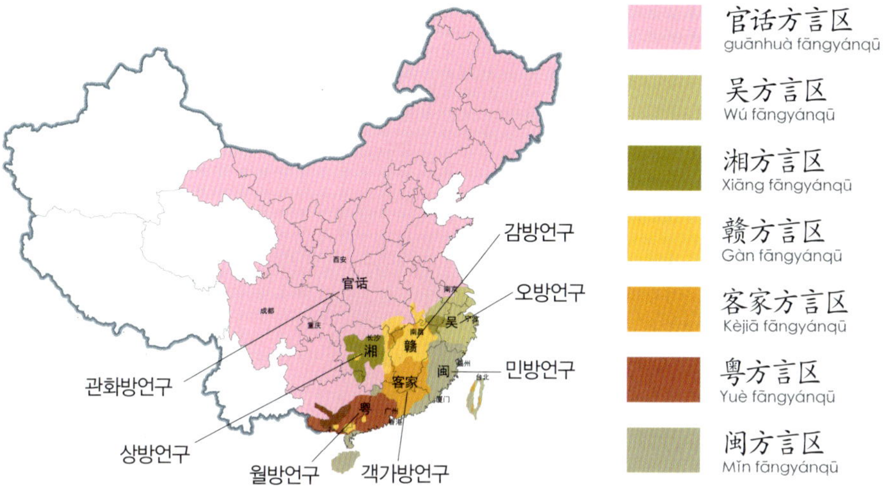

汉语의 표준어란?

현대 한어의 '표준어'를 고대 중국에서는 '아언'(雅言)이나 '통어'(通语)로 불렀다. 명대(明代)이후부터 청대(清代)까지 중국에서는 표준어를 '관화'(官话)라고 하였다. 관화는 '관용어'(官用语)로 즉, 영어에서 일찍부터 중국어 표준어를 가리키는 말로 써온 '만다린'(Mandarin)을 말하는 것이다. 'Mandarin'이라는 것은 포르투갈어인 'mandarim'에서 유래했다. 'mandarim'은 포르투갈어인 'mandar(명령)', 'mando(권력, 명령, 군권, 재판)' 등의 어휘에서 파생한 것이다. 'mandarim'은 明代에 중국 정부와 교섭하던 포르투갈 사람들이 중국 관리를 가리킬 때 사용한 말이다.

'国语'는 일본어에서 차용한 말로 1909년부터 중국 국가의 표준어 명칭으로 사용되기 시작하였다. 현재까지 대만(台湾)에서는 표준어를 '国语 guóyǔ'라 부르지만, 중국에서는 50년대 이후에 제정된 '보통화'(普通话 pǔtōnghuà)라는 명칭을 표준어의 공식명칭으로 사용하고 있다.

한족이 사용하는 문자란?

중국인들은 중국 문자를 '한자(汉字)'라고 부른다. 한자를 보통 표의문자라고 하지만 전체 한자 중 90% 정도는 형성자(形声字)이다. 형성자란 글자를 이루는 두 단위 중에서 하나는 의미, 하나는 소리를 나타내는 것이다. 몇 개의 예를 들면, 아래와 같다.

洋(바다 양)
의미 소리

梅(매화나무 매)
의미 소리

忙(바쁠 망)
의미 소리

頂(정수리 정)
소리 의미

이러한 조자법(造字法)은 중국문자의 조자방법의 한계에서 오는 정체성과 경직성을 탈피하는 탈출구가 되었다. 형성자는 표의문자로서 한자가 가지는 조자 한계를 뛰어넘어 얼마든지 글자를 새로 만들어낼 수 있는 방법으로, 지금도 이 방법으로 글자를 만들고 있다.

중국 대륙에서 문맹률을 줄이기 위해 1956년 515개의 간화자(简化字)와 54개의 간화편방을 포괄하는 한자간화방안을 공포하고 단계적으로 시험실시하였다. 1986년에 약간의 조정을 거쳐 발표한 〈간화자총표(简化字总表)〉에는 모두 2,236개의 간화자가 실려 있다.

汉语
간화자(简化字)

漢語
번체자(繁体字)

한자의 편방을 이해해 볼까요?

본자	편방	의미	예
人	亻	사람	你 们 俩 亿 什 仅 仙 他 体
冰	冫	얼음	冰 冲 决 冻 况 冷 净 凉 减
水	氵	물	江 河 湖 海 洋 波 浪 游 泪
手	扌	손	打 扫 扒 扔 扣 找 扬 扶 拦
心	忄	마음	忙 惊 忆 慌 悟 恨 怦 悔 怕
女	女	여자	妈 姑 姨 奶 姥 姐 妹 她 妇
口	口	입	唱 喝 听 叹 吃 吵 嘴 哈 吹
囗	囗	나라	回 团 国 因 圆 园 围 困 图
日	日	해	暗 晒 时 旺 明 暖 晴 照 映
目	目	눈	眼 睛 盼 眨 瞪 瞳 盯 睁 眠
木	木	나무	植 树 枝 柏 松 根 枪 橘 桃
衣	衤	의복	补 衫 袖 袱 装 裙 裤 被 袄
艸	艹→ 艹	풀	草 菊 花 莲 茶 荷 菜 蒜 藤
辵	辶→ 辶	달리다	逃 迈 通 送 运 达 过 进 追
言	言→ 讠	말하다	说 话 讲 读 诉 议 论 评 证
貝	貝→贝	조개, 돈	财 贫 贪 赌 赂 赃 赔 赏 贷
金	釒→钅	쇄, 금속, 돈	钢 铁 钉 铅 铜 针 锅 银 钱
食	飠→饣	밥, 먹음거리, 먹다	饭 饱 饥 饿 饮 馆 饼 饺 馍

한어병음과 보통화의 음절구조

한어병음방안(汉语拼音方案 Hànyǔ Pīnyīn Fāng'àn)

한어병음방안은 한어의 발음을 라틴 문자를 빌려 표기한 것이다. 보통화의 음절구조를 **성모 + 운모 + 성조**로 나누어 도표화하면 아래와 같다.

예: 想 xiǎng

<table>
<tr><td colspan="4">음절</td></tr>
<tr><td colspan="4">성조 ˇ</td></tr>
<tr><td rowspan="3">성모
x</td><td colspan="3">운모 iang</td></tr>
<tr><td rowspan="2">개음
i</td><td colspan="2">운 ang</td></tr>
<tr><td>주요모음 a</td><td>운미 ng</td></tr>
</table>

예:

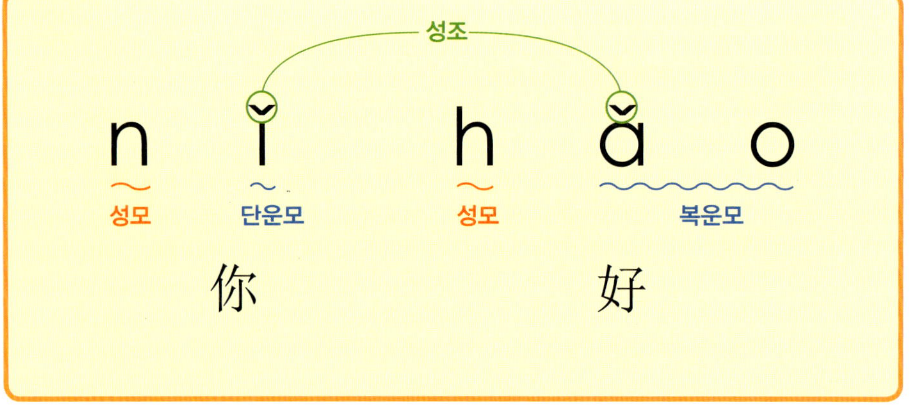

중국어 성모, 운모, 성조의 구성

성모 : 21개

b	p	m	f
d	t	n	l
z	c	s	
zh	ch	sh	r
j	q	x	
g	k	h	

운모 : 36개

a	o	e	i	u	ü		
ai	ao	ou	ei				
ia	ua	uo	ie	üe			
iao	iu(iou)	uai	ui(uei)				
an	ian	uan	üan	en	in	un(uen)	ün
ang	iang	uang	eng	ing	ueng	ong	iong
er							

성조 : 4개

1성	2성	3성	4성
ˉ	ˊ	ˇ	ˋ

第一课

Nǐ hǎo!

你好!

안녕하세요!

학습포인트
学习重点 xuéxí zhòngdiǎn

1 단운모 2 성조 3 성모 4 복운모 5 한어병음의 표기 원칙(1)(2)

★★ 중국어 발음을 배우는 데에 있어서 한국어 발음과 대응시키는 것보다 중국어 선생님께 발음을 직접 듣고 따라하는 것이 훨씬 정확하다. 발음이 어려울 경우 아래의 한국어 설명을 참고하기를 바란다.

1 운모(韵母 yùnmǔ)란?

Track 01

한 음절 중 성모를 뺀 나머지 부분은 운모라고 한다.

단운모(单韵母 dān yùnmǔ)란?

하나의 모음으로 이루어진 운모가 단운모이다.

a o e i u ü

Point 순서를 외워야 한다.

a	입을 크게 벌려 발음한다. 한국어 '아'와 비슷하다.
o	입술을 살짝 둥글게 모은 상태에서 혓바닥 뒷부분을 위로 약간 올려 발음한다. 이때 혀끝이 입천장에 닿지 않아야 한다. 한국어 '어' 와 비슷하다.
e	혀의 위치는 'o'와 같지만 입술은 양 옆으로 편 상태에서 발음한다. 한국어 '으' 와 비슷하다.
i	입을 거의 벌리지 않은 상태에서 발음한다. 한국어 '이'와 비슷하다.
u	입술을 둥글게 모아 앞으로 내밀어 발음한다. 한국어 '우'와 비슷하다.
ü	입술을 둥글게 모아 앞으로 최대한 내밀어 발음한다. 발음이 끝날 때까지 입술 모양을 유지한다. 한국어 '위'와 비슷하지만 중국어 'ü'를 발음 할 때는 입술의 둥근 상태를 끝까지 유지해야 된다.

단운모 구강도

한어병음 옆에 있는 [ ]는 국제음성기호(IPA)이다.

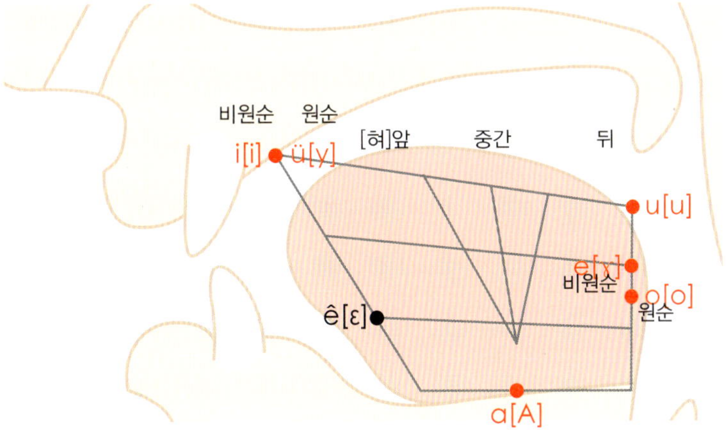

※ 단운모 a, o, e, i, u, ü는 위의 그림에서 빨간색으로 표시되어 있음.

※ 'ü'와 'i'는 혀의 위치가 같지만 'ü'는 원순이고 'i'는 비원순이다.

※ ê : 'ê'는 일반적으로 단독으로 음절을 이루지 않는다. 단독으로 음절을 이룬 경우 인사할 때 쓰이는 '欸ê[ɛ]'만 그러하다. ie와 üe 중의 e는 바로 ê인데 e로 표기한다.

2 성조(声调 shēngdiào)란?

Track 02

중국어에서 각 음절마다 올리고 내리는 높낮이를 성조라고 부른다. 중국어의 표준어 성조는 1성, 2성, 3성, 4성 네 가지이다. 때로는 성모와 운모는 같지만 성조가 달라 품사나 뜻이 달라지기도 한다.

4가지 성조	성조 표기법	발음요령
ˉ 1성		처음부터 끝까지 높고 평평하게 발음한다. jīn 金 gāo 高 dī 低 duō 多
ˊ 2성		중간 정도의 높이에서 단번에 올린다. guó 国 rén 人 xué 学 qián 钱
ˇ 3성	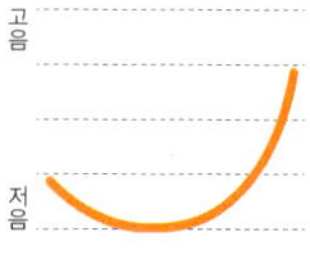	단독으로 발음될 때는 음이 낮은 위치에서 시작해서 밑으로 내려갔다가 다시 위로 올라간다. xiǎo 小 yǒu 有 shuǐ 水 dǎ 打
ˋ 4성		가장 높은 위치에서 가장 낮은 위치까지 뚝 떨어뜨린다. dà 大 wèn 问 qù 去 shì 是

mā	má	mǎ	mà
妈 엄마	麻 삼	马 말	骂 욕하다

ˉ	ˊ	ˇ	ˋ	
中 Zhōng	国 guó	很 hěn	大 dà	(중국은 크다)
非 fēi	常 cháng	好 hǎo	看 kàn	(아주 예쁘다)
花 huā	红 hóng	柳 liǔ	绿 lǜ	(꽃은 붉고 버들가지는 길푸르다.)

③ 성모(声母 shēngmǔ)란?

Track 03

한어병음의 첫 번째 자음 부분을 성모라고 한다.

구강 모양	성모	발음	발음요령
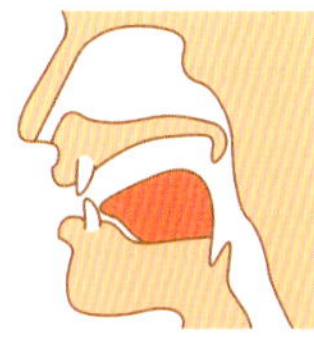	순음(唇音) b p m	bō pō mō	양 입술을 다물었다 떼며 내는 소리. 편의상 운모 'o' (실제 발음은 [uo]임)를 붙여 발음한다.
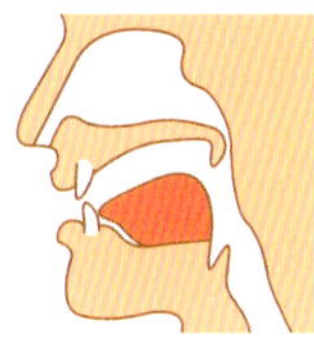	순치음(唇齿音) f	fō	아랫입술 안쪽에 윗니를 살짝 댔다 떼며 내는 소리. 편의상 운모 'o' (실제 발음은 [uo]임)를 붙여 발음한다.
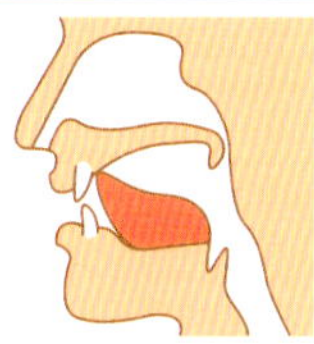	설첨음(舌尖音) d t n l	dē tē nē lē	혀끝을 윗잇몸 안쪽에 댔다 떼며 내는 소리. 편의상 'e'(실제 발음은 [ɤ]임)를 붙여 발음한다.
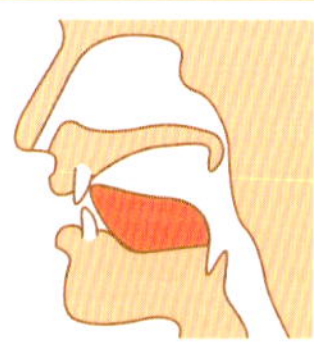	설첨전음(舌尖前音) z c s	zī cī sī	혀끝을 윗니 뒤쪽에 마찰시켜 내는 소리. 편의상 'i'(실제 발음은[ɿ]임)를 붙여 표기한다.
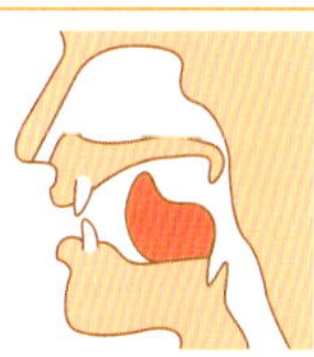	설첨후음(舌尖后音) zh ch sh r	zhī chī shī rī	혀끝이 말려 경구개 (딱딱한 입천장)에 닿거나 닿을락 말락 하게 내는 소리. 편의상 'i'(실제 발음은 [ʅ]임)를 붙여 표기한다.
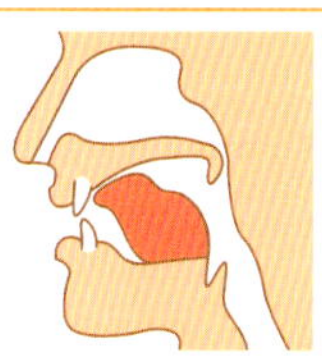	설면음(舌面音) j q x	jī qī xī	혓바닥이 경구개(딱딱한 입천장)에 닿거나 닿을락 말락 하게 내는 소리. 편의상 'i'를 붙여 발음한다.
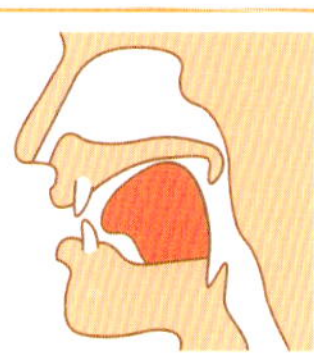	설근음(舌根音): g k h	gē kē hē	혀뿌리가 연구개(여린입천장)에 닿거나 닿을락 말락 하게 내는 소리. 편의상 'e'를 붙여 발음한다.

1. 유기음이란

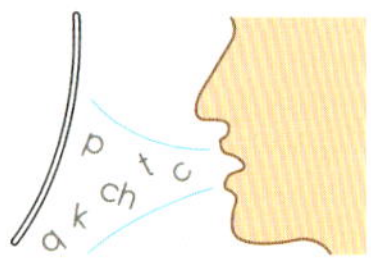

숨이 강하게 터지면서 나오는 거센 소리(p, t, k, c, ch, q)

2. 무기음이란

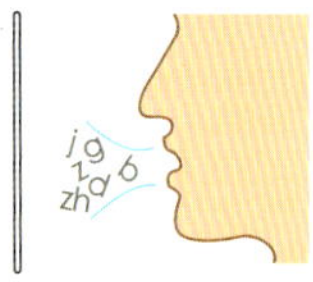

발음할 때 수반한 공기가 거세게 나지 않는 소리(b, d, g, z, zh, j)

아래 성모를 큰 소리로 따라한 다음 자신 있게 발음 해보세요!

Track 04

1. bō pō fō
2. jī qī xī
3. zhī chī shī rī
4. zī cī sī

성모 소리내는 구강도

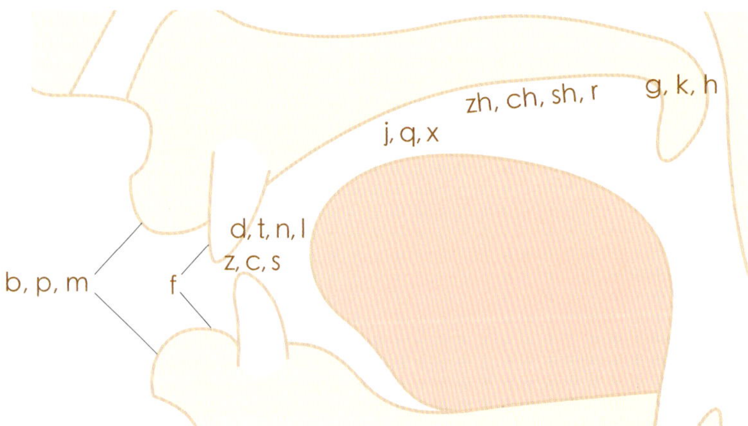

한어병음의 표기 원칙 (1)

❶ i → y, u → w, ü → yu

개음 i, u로 시작되는 영성모 음절에서 이 i와 u를 각각 y와 w로 바꾸어 쓰는 가장 중요한 이유는, 음절 간의 경계를 분명히 하기 위해서이다.

zhuì 缀 장식하다	zhù ì → zhùyì 注 意 주의하다
hēi'àn 黑 暗 어둡다	hé ián → héyán 河 沿 강변
dà nù 大 怒 크게 화내다	dān ù → dānwù 耽 误 지체하다

- 영성모 i, in, ing는 각각 y 덧붙여서 yi, yin, ying로 표기한다.
- 'i, in, ing'을 제외한 i로 시작한 ia, ian 등은 각각 ya, yan 등으로 표기한다.
- 영성모 u는 w 덧 붙여서 wu로 표기한다.
- 영성모 u로 시작하는 ua, uan 등은 각각 wa, wan으로 표기한다.
- ü가 단독으로 음절을 이루거나 한 음절의 맨 앞에 놓인 경우 yu로 표기한다.

❷ j, q, x가 ü나 'ü'로 시작되는 운모와 함께 쓰이면 위의 두 점은 생략하여 표시하지 않는다. (주의: 성모 n, l와 결합하는 경우 반드시 ü로 써야 한다. 예: nǚ, lǜ)

❸ i 위에서 성조를 표기할 때 i 위의 점을 없애고 성조를 붙인다. (예: qī , pí)

성모와 단운모와의 결합표

성모 \ 운모		a	o	e	i	-i	-i	u	ü
성모가 없을때		a	o	e	yi			wu	yu
순음	b	ba	bo		bi			bu	
	p	pa	po		pi			pu	
	m	ma	fo	me	mi			mu	
	f	fa						fu	
설첨음	d	da		de	di			du	
	t	ta		te	ti			tu	
	n	na		ne	ni			nu	nü
	l	la	lo	le	li			lu	lü
설첨전음	z	za		ze		zi		zu	
	c	ca		ce		ci		cu	
	s	sa		se		si		su	
설첨후음	zh	zha		zhe			zhi	zhu	
	ch	cha		che			chi	chu	
	sh	sha		she			shi	shu	
	r			re			ri	ru	
설면음	j				ji				ju
	q				qi				qu
	x				xi				xu
설근음	g	ga		ge				gu	
	k	ka		ke				ku	
	h	ha		he				hu	

■ 한어병음 표기에 주의해야 할 음절임

이 일곱 개의 성모 뒤에 있는 'i'는 단운모 'i'의 발음과 다릅니다. 녹음을 잘 듣고 발음해보세요.

발음 연습-성모 구별해서 큰소리로 따라 읽기

Track 05

b - p	m - f	d - t
bā – pā 八 趴	mā – fā 妈 发	dǎ – tǎ 打 塔
bó – pó 博 婆	má – fá 麻 罚	dé – tè 得 特
bǐ – pǐ 比 匹	mó – fó 模 佛	dì – tì 地 替
bù – pù 部 瀑	mǔ – fǔ 母 甫	dù – tù 度 兔

n - l	g - k	l - r
nà – là 那 辣	gá – kǎ 噶 卡	lè – rè 乐 热
ne – le 呢 了	gē – kē 哥 科	lì – rì 力 日
nú – lú 奴 卢	gù – kù 固 酷	lù – rù 路 入

z - zh	c - ch	s - sh
zá – zhá 杂 札	cā – chā 擦 差	sā – shā 撒 沙
zé – zhé 泽 折	cè – chē 册 车	sè – shè 色 社
zī – zhī 资 知	cí – chí 词 池	sī – shī 司 诗
zú – zhú 足 竹	cù – chù 促 处	sū – shū 苏 书

4 복운모(复韵母 fù yùnmǔ)

Track 06

★ 표기상 2개의 운모로 이루어졌지만 각각 하나씩 발음하면 안 된다.

❶ 하향 이중모음(前响复韵母): 첫 번째 모음은 길게 발음한다.

ai ao ou ei

※ 중국어 성조는 바로 길게 읽히는 운모 위에 표기한다.

ai: 'a'와 'i'를 연이어 발음하되 'a'는 더 길게 발음하고 'i'는 더 짧게 발음한다.

ao: 'a'와 'o'를 연이어 발음하되 'a'는 더 길게 발음하고 'o'는 더 짧게 발음한다.

ou: 'o'와 'u'를 연이어 발음하되 'o'는 더 길게 발음하고 'u'는 더 짧게 발음한다.

ei: 'e[e]'와 'i'를 연이어 발음하되 'e'는 더 길게 발음하고 'i'는 더 짧게 발음한다.

❷ 상향 이중모음(后响复韵母): 두 번째 모음은 길게 발음한다.

ia ua uo ie üe

ia: 'i'를 짧게 발음하고 연이어 'a'를 바로 붙여서 길게 발음한다.

ua: 'u'를 짧게 발음하고 연이어 'a'를 바로 붙여서 길게 발음한다.

uo: 'u'를 짧게 발음하고 연이어 'o'를 바로 붙여서 길게 발음한다.

ie: 'i'를 짧게 발음하고 연이어 'e[ε]'를 바로 붙여서 길게 발음한다.

üe: 'ü'를 짧게 발음하고 연이어 'e[ε]'를 바로 붙여서 길게 발음한다.

❸ 삼중모음(中响复韵母): 가운데 모음은 길게 발음한다.

iao iou uai uei

iao: 'i'를 짧게 발음하고 'ao'를 바로 붙여서 발음한다.

iou: 'i'를 짧게 발음하고 'ou'를 바로 붙여서 발음한다.

uai: 'u'를 짧게 발음하고 'ai'를 바로 붙여서 발음한다.

uei: 'u'를 짧게 발음하고 'ei'를 바로 붙여서 발음한다.

운모 소리내는 구강도

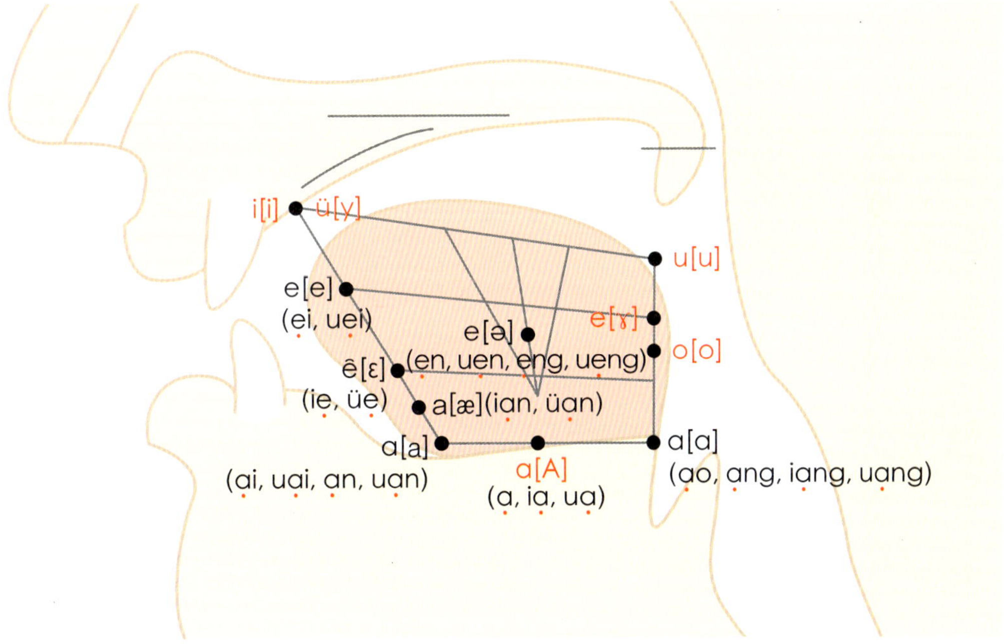

한어병음의 표기 원칙 (2)

❶ iou, uei, uen 앞에 성모가 있을 때 가운데의 o나 e를 표기하지 않고 iu, ui, un으로 표기한다.

❷ 격음부호

a, o, e로 시작하는 음절이 다른 음절의 뒤에 이어서 올 때 음절 간의 경계를 분명히 하고 헷갈리지 않도록 하기 위해 격음부호 ' 를 사용하여 구분해준다.

翻案 fān'àn	发难 fānàn	西安 Xī'ān	先 xiān

❸ 성조 위치의 표기

성조표기는 단운모인 경우, 단운모 위에 표기하고 복운모와 비운모인 경우, 길게 읽히는 운모 위에 표기한다. 쉽게 말하면 a, o, e, i, u, ü의 순서로 하되, ui, iu일 경우는 무조건 운미인 i, u의 위에 성조를 표기한다. (예: huì, xiū)

	성조표기					
단운모	mā	bō	hé	lí	nǔ	lǜ
복운모, 비운모	hái	gāo	běn	hēi	xiū	huì
	hóu	xià	xiě	duǒ	yáng	děng

♬ 따라 읽어 보세요!

Track 07

sì ♪ shì ♪ sì, 四是四,
shí ♪ shì ♪ shí, 十是十,
shí sì ♪ shì ♪ shí sì, 十四是十四,
sì shí ♪ shì ♪ sì shí. 四十是四十。

성모와 복운모의 결합표

운모 / 성모		ai	ao	ou	ei	ia	ua	uo	ie	üe	iao	iou (iu)	uai	uei (ui)
성모가 없을 때		ai	ao	ou	ei	ya	wa	wo	ye	yue	yao	you	wai	wei
순음	b	bai	bao		bei				bie					
	p	pai	pao	pou	pei				pie					
	m	mai	mao	mou	mei				mie			miu		
	f			fou	fei									
설첨음	d	dai	dao	dou	dei			duo	die			diu		dui
	t	tai	tao	tou				tuo	tie					tui
	n	nai	nao	nou	nei			nuo	nie	nüe		niu		
	l	lai	lao	lou	lei	lia		luo	lie	lüe		liu		
설첨전음	z	zai	zao	zou	zei			zuo						zui
	c	cai	cao	cou				cuo						cui
	s	sai	sao	sou				suo						sui
설첨후음	zh	zhai	zhao	zhou	zhei		zhua	zhuo					zhuai	zhui
	ch	chai	chao	chou			chua	chuo					chuai	chui
	sh	shai	shao	shou	shei		shua	shuo					shuai	shui
	r		rao	rou			rua	ruo						rui
설면음	j					jia			jie	jue		jiu		
	q					qia			qie	que		qiu		
	x					xia			xie	xue		xiu		
설근음	g	gai	gao	gou	gei		gua	guo					guai	gui
	k	kai	kao	kou	kei		kua	kuo					kuai	kui
	h	hai	hao	hou	hei		hua	huo					huai	hui

■ 한어병음 표기에 주의해야 할 음절임

5 복운모 – 비운모(鼻韵母 bí yùnmŭ)

Track 08

❶ 전비음(前鼻音) : 'n'은 길게 발음한다.

an	ian	uan	üan
en	in	uen	ün

an: 'a'와 'n'를 연이어 발음하되 'a'는 짧게 발음하고 'n'는 길게 발음한다.

ian: 'i'를 짧게 발음하고, 'an'을 바로 붙여서 발음한다. 여기의 'a'는 'i'와 'n'의 영향을 받아 [æ]로 발음한다.

uan: 'u'를 짧게 발음하고 'an'를 바로 붙여서 발음한다.

üan: 'ü'를 짧게 발음하고 'an'를 바로 붙여서 발음한다. 여기의 'a'는 'ü'와 'n'의 영향을 받아 [æ]로 발음한다.

en: 'e[ə]'와 'n'을 연이어 발음하되 'e'는 짧게 발음하고 'n'는 길게 발음한다.

in: 'i'와 'n'를 연이어 발음하되 'i'는 짧게 발음하고 'n'는 길게 발음한다.

uen: 'u'를 짧게 발음하고 'en'를 바로 붙여서 발음한다.

ün: 'ü'와 'n'를 연이어 발음하되 'ü'는 짧게 발음하고 'n'는 길게 발음한다.

❷ 후비음(后鼻音) : 'ng'는 길게 발음한다.

ang iang uang eng
ing ueng ong iong

ang: 'a'와 'ng'를 연이어 발음하되 'a'는 짧게 발음하고 'ng'는 길게 발음한다.

iang: 'i'를 짧게 발음하고 'ang'을 바로 붙여서 발음한다.

uang: 'u'를 짧게 발음하고 'ang'를 바로 붙여서 발음한다.

eng: 'e[ə]'를 짧게 발음하고 'ng'를 바로 붙여서 발음한다.

ing: 'i'를 짧게 발음하고 'ng'를 바로 붙여서 발음한다.

ueng: 'u'를 짧게 발음하고 'eng'를 바로 붙여서 발음한다.

ong: 'o'를 짧게 발음하고 'ng'를 바로 붙여서 발음한다.

iong: 'i'를 짧게 발음하고 'ong'를 바로 붙여서 발음한다.

성모와 비운모의 결합표(1)

성모 \ 비운모		an	ian	uan	üan	en	in	uen	ün
성모가 없을 때		an	yan	wan	yuan	en	yin	wen	yun
순음	b	ban	bian			ben	bin		
	p	pan	pian			pen	pin		
	m	man	mian			men	min		
	f	fan				fen			
설첨음	d	dan	dian	duan		den		dun	
	t	tan	tian	tuan				tun	
	n	nan	nian	nuan		nen	nin		
	l	lan	lian	luan			lin	lun	
설첨전음	z	zan		zuan		zen		zun	
	c	can		cuan		cen		cun	
	s	san		suan		sen		sun	
설첨후음	zh	zhan		zhuan		zhen		zhun	
	ch	chan		chuan		chen		chun	
	sh	shan		shuan		shen		shun	
	r	ran		ruan		ren		run	
설면음	j		jian		juan		jin		jun
	q		qian		quan		qin		qun
	x		xian		xuan		xin		xun
설근음	g	gan		guan		gen		gun	
	k	kan		kuan		ken		kun	
	h	han		huan		hen		hun	

■ 한어병음 표기에 주의해야 할 음절임

성모와 비운모의 결합표(2)

성모 \ 비운모		ang	iang	uang	eng	ing	ueng	ong	iong
성모가 없을 때		ang	yang	wang	eng	ying	weng		yong
순음	b	bang			beng	bing			
	p	pang			peng	ping			
	m	mang			meng	ming			
	f	fang			feng				
설첨음	d	dang			deng	ding		dong	
	t	tang			teng	ting		tong	
	n	nang	niang		neng	ning		nong	
	l	lang	liang		leng	ling		long	
설첨전음	z	zang			zeng			zong	
	c	cang			ceng			cong	
	s	sang			seng			song	
설첨후음	zh	zhang		zhuang	zheng			zhong	
	ch	chang		chuang	cheng			chong	
	sh	shang		shuang	sheng				
	r	rang			reng			rong	
설면음	j		jiang			jing			jiong
	q		qiang			qing			qiong
	x		xiang			xing			xiong
설근음	g	gang		guang	geng			gong	
	k	kang		kuang	keng			kong	
	h	hang		huang	heng			hong	

■ 한어병음 표기에 주의해야 할 음절임

6 특별운모(特殊韵母 tèshū yùnmǔ) er

Track 09

혀끝을 입천장 쪽으로 말듯이 발음한다. 'er'은 어떤 성모와도 결합하지 않으며 단독으로 음절을 이룬다.

아래 성모를 큰 소리로 따라한 다음 자신있게 발음 해보세요!

1. yā yē wā wō
2. yāo yōu wāi wēi yuē
3. diū liū miū niū
4. jiū qiū xiū
5. cuī duī suī tuī zuī
6. zhuī chuī shuī ruī
7. guī kuī huī
8. yān wān yuān
9. yīn wēn yūn
10. juān quān xuān
11. jūn qūn xūn
12. yāng wāng wēng yōng
13. zī cī sī
14. zhī chī shī

중국어 맛보기

Track 10

♬ 따라 읽어 보세요!

zhī zhī ♪ wéi ♪ zhī zhī,	知之为知之，
bù zhī ♪ wéi ♪ bù zhī,	不知为不知，
bù yǐ ♪ bù zhī ♪ wéi ♪ zhī zhī,	不以不知为知之，
bù yǐ ♪ zhī zhī ♪ wéi ♪ bù zhī,	不以知之为不知，
wéi cǐ ♪ cái néng ♪ qiú ♪ zhēn zhī.	唯此才能求真知。

♬ 따라 읽어 보세요!

xiàrì ♪ wú rì ♪ rì ♪ yì rè,	夏日无日日亦热，
dōngrì ♪ yǒu rì ♪ rì ♪ yì hán,	冬日有日日亦寒，
chūnrì ♪ rì chū ♪ tiān ♪ jiàn nuǎn,	春日日出天渐暖，
shài yī ♪ shài bèi ♪ shài ♪ rùdān,	晒衣晒被晒褥单，
qiūrì ♪ tiān gāo ♪ fù ♪ yún dàn,	秋日天高复云淡，
yáo kàn ♪ hóngrì ♪ pò ♪ xīshān.	遥看红日迫西山。

第二课

Wǒ ài nǐ!

我爱你!

사랑해요!

학습포인트
学习重点 xuéxí zhòngdiǎn

1 3성 연속과 반3성 2 같은 성조를 연속으로 읽는 방법 3 경성

1 3성 연속과 반3성

표준 중국어의 네 개 성조 중에 가장 어려운 성조가 3성이다.

3성은 단독으로 발음될 때는 음이 낮은 위치에서 시작해서 밑으로 내려갔다가 다시 위로 올라간다. 이것은 3성의 기본적인 성조이다. 하지만 3성이 다른 성조와 결합할 때는 그 높낮이가 달라진다.

❶ 우선 '3성+3성'인 경우에 첫 번째 3성을 2성으로 바꾸어 '2성+3성'으로 발음하면 된다.

❷ '3성+1성', '3성+2성', '3성+4성', '3성+경성'인 경우, 앞에 있는 3성을 '반쪽'으로 발음해야 한다. 낮은 위치에서 시작해서 밑으로 내려가는 것이다. 이런 3성은 원래 성조의 반쪽만 발음되기 때문에 편의상 '半3성'이라고 부른다.

3성과 '半3성'의 차이를 도표로 나타내면 다음과 같다.

3성

반3성

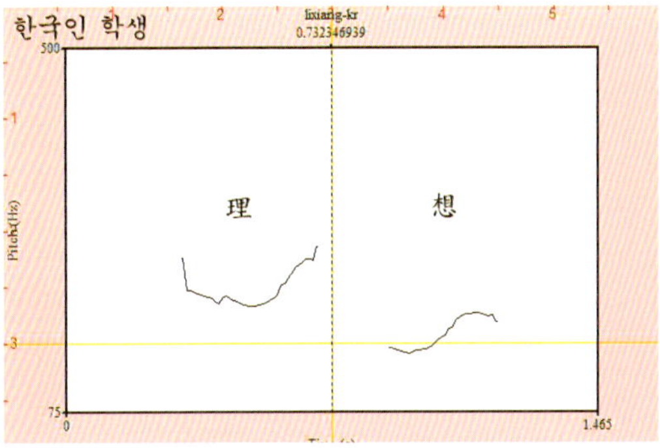

한국인 학생의 발음

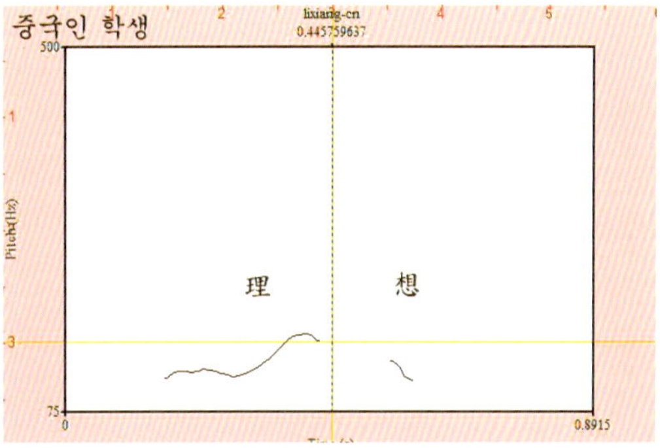

중국인 학생의 발음

위에 두 그림은 한국인 학생과 중국인 학생이 음성실험을 통해 내린 결과이다. 한국인 학생과 중국인 학생에게 '理想 lǐxiǎng'이라는 단어를 발음하라고 했다. 이때 한국인 학생은 단어 끝부분에 있는 3성 글자 '想 xiǎng'을 완전한 3성으로 발음하였다. 왼쪽 그림에서 본 바와 같이 한국인이 발음한 '想 xiǎng'의 성조는 밑으로 내려갔다가 다시 위로 올라온 것이다. 이런 발음은 틀린 것이 아니지만 그다지 자연스러운 것이 아니다.

한국인 학생의 발음과 달리 중국인 학생이 발음한 '想 xiǎng'의 성조는 오른쪽 그림처럼 밑으로 내려가기만 하고 다시 위로 올라가지 않는다. 즉 중국인 학생은 단어 끝부분에 있는 3성 글자 '想'을 '半3성'으로 발음한다는 것이다.

쉽게 말하자면 특별히 강조할 경우를 제외하고 일상적인 발화에서 단어나 문장 끝자리에 있는 3성은 '半3성'으로 발음되는 것이 훨씬 자연스럽다고 할 수 있다. 그리고 문장 끝자리에 있는 3성뿐만 아니라 다른 성조의 앞에 오는 3성도 마찬가지로 '半3성'으로 발음되는 것이 아주 자연스럽다.

3성 연속(3성+3성)

Track 11

❶ 3성 +3성 ⇒ 2성 + 3성

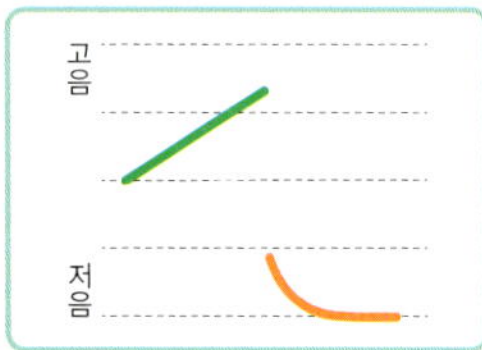

shuǐguǒ 水果　wǔdǎo 舞蹈　xiǎngfǎ 想法
shǒubiǎo 手表　kǒuyǔ 口语　lěngshuǐ 冷水
guǎngchǎng 广场　hǎikǒu 海口　Shǒu'ěr 首尔

반3성: 1성+3성, 2성+3성, 4성+3성

❶ 1성 + 3성

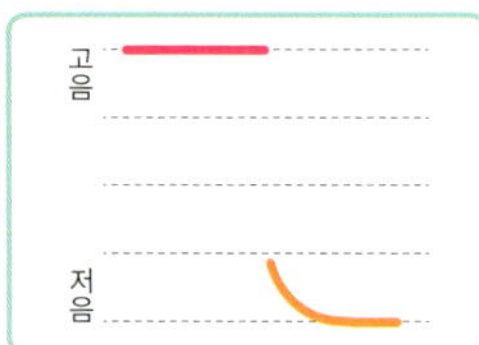

jīnglǐ 经理　kēzhǎng 科长　bānzhǎng 班长
shēntǐ 身体　hē jiǔ 喝酒　Xiānggǎng 香港
Yīngyǔ 英语　shūběn 书本　yīnxiǎng 音响

❷ 2성 + 3성

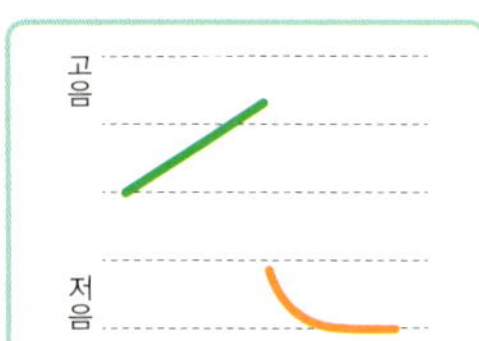

báijiǔ 白酒　píjiǔ 啤酒　hóngjiǔ 红酒
Hányǔ 韩语　Éyǔ 俄语　méitǐ 媒体
píngguǒ 苹果　fánnǎo 烦恼　méiyǒu 没有

❸ 4성 + 3성

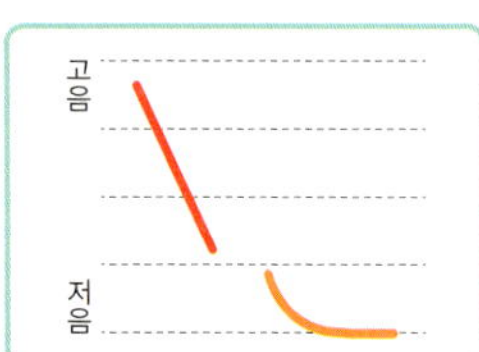

Hànyǔ 汉语　Rìyǔ 日语　yèjǐng 夜景
diànyǐng 电影　diànnǎo 电脑　hàomǎ 号码
dàilǐ 代理　lùkǒu 路口　dìtiě 地铁

반3성: 3성+1성, 3성+2성, 3성+4성

Track 12

❶ 3성 + 1성

lǎoshī 老师　huǒchē 火车　kǎoyā 烤鸭
yǔyī 雨衣　jiǎndān 简单　měishēng 美声
Běijīng 北京　Guǎngzhōu 广州　Shǎnxī 陕西

❷ 3성 + 2성

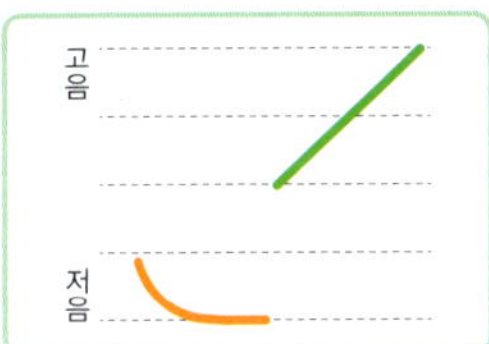

dǎzhé 打折　běnlái 本来　lǚxíng 旅行
yǔwén 语文　lǎngdú 朗读　yǒumíng 有名
nǚ'ér 女儿　bǎoshí 宝石　wǎnxiá 晚霞

❸ 3성 + 4성

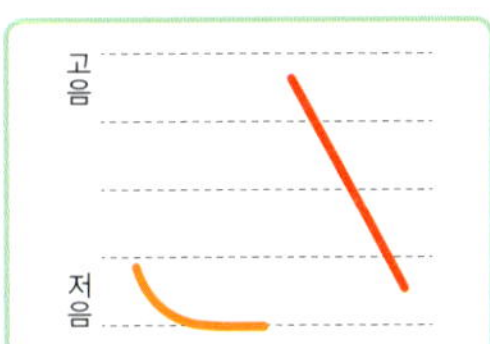

měilì 美丽　fǎngwèn 访问　gǎnxiè 感谢
mǎlù 马路　tiǎozhàn 挑战　wǎnfàn 晚饭
tǎolùn 讨论　kǎolǜ 考虑　miǎnshuì 免税

② 같은 성조를 연속으로 읽는 방법

Track 13

두 개의 같은 성조가 연속으로 있을 때는, 앞 글자를 특별히 강조하지 않는 이상 완전히 읽지 않고 반만 읽으면 더 자연스럽다. 특히 '1성+1성'인 경우에는 앞에 1성은 짧게 읽어야 될 뿐만 아니라 높이가 뒤에 1성보다 음 높이가 낮다는 것은 반드시 주의해야 할 것이다.

❶ 1성 + 1성 ⇒ 반 1성 + 1성

kāfēi 咖啡　fēijī 飞机　gōngsī 公司

xīngqī 星期　jīntiān 今天　zhōngyāng 中央

cānjiā 参加　cānguān 参观　chūchāi 出差

❷ 2성 + 2성 ⇒ 반 2성 + 2성

Hánguó 韩国　yínháng 银行　yóujú 邮局

shítáng 食堂　rénmín 人民　zhíyuán 职员

xuéxí 学习　liúxué 留学　chángcháng 常常

❸ 4성 + 4 성 ⇒ 반 4성 + 4성

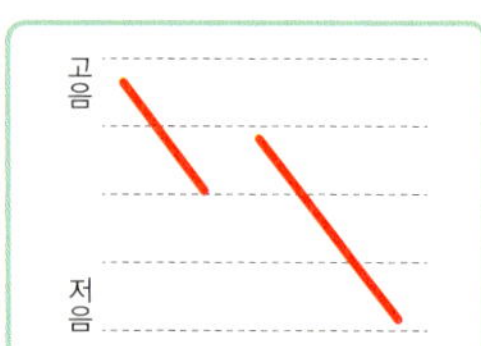

pàocài 泡菜　diànhuà 电话　xiànzài 现在

zàijiàn 再见　jièshào 介绍　yùndòng 运动

shàngkè 上课　xiàkè 下课　jiànmiàn 见面

연습(练习 liànxí)

❶ 성모 구별하기 Track 14

zájì 杂技	xīfàn 稀饭	jīxīn 鸡心	xīshēng 牺牲	dàxǐ 大喜	chūlù 出路
zázhì 杂志	shīfàn 师范	zhīxīn 知心	shīshēng 师生	dàshǐ 大使	chūrù 出入
kuānróng 宽容	tiānrán 天然	chéngquán 成全	cūcāo 粗糙	fābái 发白	bīpò 逼迫
kuānlóng 宽笼	tiānlán 天蓝	chéngchuán 乘船	chūchù 出处	fāpái 发牌	píbāo 皮包
fēicháng 非常	dānxīn 担心	tóu kǎo 投考	sīrén 私人	sùlì 肃立	cūbù 粗布
péicháng 赔偿	tánxīn 谈心	tóu gǎo 投稿	shīrén 诗人	shùlì 树立	chūbù 初步

❷ 운모 구별하기 Track 15

jījīn 基金	jíshì 集市	nǐrén 拟人	lànmàn 烂漫	dānxīn 担心	lǐxìng 理性	ěryǔ 耳语
jūjǐn 拘谨	júshì 局势	nǚrén 女人	làngmàn 浪漫	dāngxīn 当心	lǚxíng 旅行	Éyǔ 俄语
jìnlái 近来	Hēishuǐ 黑水	hūxī 呼吸	érgē 儿歌	lìjǐ 利己	dúchàng 独唱	chūzū 出租
jìngwài 镜外	hē shuǐ 喝水	húxū 胡须	āgē 阿哥	lǜjǐ 律己	dōu chàng 都唱	chūzǒu 出走

❸ 성조 구별하기 Track 16

dǎ rén 打人	chūnjié 春节	jīngjì 经济	láolèi 劳累	huìyì 会议	chīlì 吃力	zhěngjié 整洁
dàrén 大人	chúnjié 纯洁	jìngjì 竞技	lǎolèi 老泪	huíyì 回忆	chī lí 吃梨	zhèngjiè 政界
chǎngfáng 厂房	jiājié 佳节	Shānxī 山西	Běijīng 北京	tiānkōng 天空	tiāncái 天才	shēnqǐng 申请
chángfāng 长方	jiǎjiè 假借	Shǎnxī 陕西	bèijǐng 背景	tiánkòng 填空	tiáncài 甜菜	shēnqíng 深情

④ 발음 연습

Track 17

1성 + 1성	fēijī 飞机	fāshēng 发生	chūntiān 春天	qiūtiān 秋天
1성 + 2성	jīnnián 今年	chūnjié 春节	shēnghuó 生活	guānchá 观察
1성 + 3성	shēntǐ 身体	qiānbǐ 铅笔	dōngsǔn 冬笋	xīnkǔ 辛苦
1성 + 4성	gōngzuò 工作	yīnyuè 音乐	shāngdiàn 商店	jīlì 激励

Track 18

2성 + 1성	chángqī 长期	jízhōng 集中	yángguāng 阳光	yánjiū 研究
2성 + 2성	tóngxué 同学	yóujú 邮局	zúqiú 足球	liúxíng 流行
2성 + 3성	chéngguǒ 成果	niúnǎi 牛奶	chuántǒng 传统	cídiǎn 词典
2성 + 4성	wénhuà 文化	píngjià 评价	féiwò 肥沃	xíguàn 习惯

Track 19

3성 + 1성	lǎoshī 老师	huǒchē 火车	Běijīng 北京	kǎoyā 烤鸭
3성 + 2성	cǎihóng 彩虹	wǎnxiá 晚霞	xiǎoxué 小学	měinián 每年
3성 + 3성	shuǐguǒ 水果	lǎobǎn 老板	yǔfǎ 语法	zhǎnlǎn 展览
3성 + 4성	fǎngwèn 访问	mǐfàn 米饭	bǎoguì 宝贵	kě'ài 可爱

Track 20

4성 + 1성	qìchē 汽车	cìjī 刺激	miànbāo 面包	làjiāo 辣椒
4성 + 2성	liànxí 练习	xiànshí 现实	qùnián 去年	wèntí 问题
4성 + 3성	jìzhě 记者	jùběn 剧本	Shànghǎi 上海	Hànyǔ 汉语
4성 + 4성	zuòyè 作业	jìshù 技术	zhèngzhì 政治	shàngkè 上课

③ 경성(轻声 qīngshēng)이란?

Track 21

1성, 2성, 3성, 4성 4개의 성조에 비하여 짧고 약하게 발음하는 것을 경성이라 한다. 발음할 때 첫 번째 음절을 약간 길게 하면 된다. 경성은 표기하지 않는다.

경성의 유형	예			
조사	wǒ de shū 我的书	나의 책	Nǐ hǎo ma? 你好吗	잘 지내니?
인칭 복수형	wǒmen 我们	우리	nǐmen 你们	여러분
접미사	zhuōzi 桌子	탁자	shítou 石头	돌
방위사	shàngbian 上边	위쪽	wàimian 外面	바깥
방향보어	shànglai 上来	올라오다	xiàqu 下去	내려가다
첩자	bàba 爸爸	아빠	māma 妈妈	엄마
양사 个	zhè ge 这个	이, 이것	yí ge 一个	한 개(명)
동의어의 뒤 음절	péngyou 朋友	친구	yīfu 衣服	옷
동사나 형용사 중첩 사이에 있는 '不', '一' 등	Nǐ kàn yi kàn. 你看一看。 Nǐ máng bu máng? 你忙不忙?		좀 보세요. 당신은 바빠요 안 바빠요?	

경성과 의미변화

Track 22

비경성		경성	
dìfāng 地方	지방	dìfang 地方	장소, 곳, 부위
dōngxī 东西	동쪽과 서쪽	dōngxi 东西	물건
dìdào 地道	지하도, 터널, 지하 갱도	dìdao 地道	오리지널의, 정통의
zhàoyìng 照应	호응하다	zhàoying 照应	보살피다

따라 읽어 보세요!

Track 23

xiāzi ♪ hé ♪ lóngzi
瞎子和聋子

xiāzi ♪ chuī ♪ lǎba, lóngzi ♪ mō ♪ háma,
瞎子吹喇叭，聋子摸蛤蟆，

lóngzi ♪ tīng bu jiàn ♪ xiāzi ♪ chuī de ♪ lǎba,
聋子听不见瞎子吹的喇叭，

xiāzi ♪ yě ♪ kàn bu jiàn ♪ lóngzi ♪ mō de ♪ háma.
瞎子也看不见聋子摸的蛤蟆。

Yí ge ♪ dà sǎozi, yí ge ♪ dà xiǎozi, zuò zài ♪ yìqǐ ♪ bāo jiǎozi.
一个大嫂子，一个大小子，坐在一起包饺子。

Bù zhī ♪ shì ♪ dà sǎozi ♪ bāo de ♪ jiǎozi ♪ bùrú ♪ dà xiǎozi,
不知是大嫂子包的饺子不如大小子，

háishi ♪ dà xiǎozi ♪ bāo de ♪ jiǎozi ♪ bùrú ♪ dà sǎozi.
还是大小子包的饺子不如大嫂子。

★ 앞에서 4가지 성조를 배웠는데, 그렇다면 경성까지 모두 5성인가요? 아닙니다. 경성은 앞에 오는 성조에 따라 음높이가 달라지는 유동적인 발음입니다.

Track 24

❶ 1성 + 경성

māma 妈妈	gēge 哥哥	shūshu 叔叔
qīzi 妻子	yīfu 衣服	dōngxi 东西
tāmen 他们	zhuōzi 桌子	jīngshen 精神

❷ 2성 + 경성

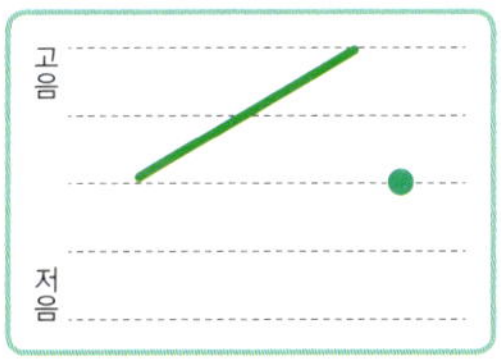

háizi 孩子	hóuzi 猴子	yéye 爷爷
míngzi 名字	érzi 儿子	sháozi 勺子
shíhou 时候	huílai 回来	xuésheng 学生

❸ 3성 + 경성

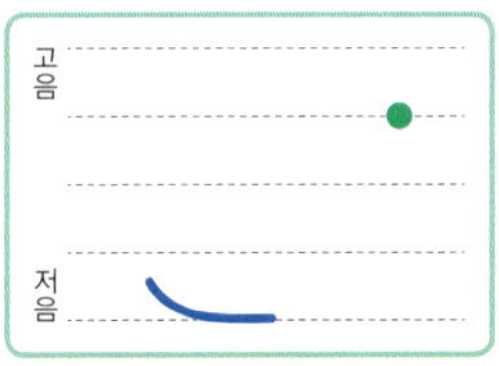

jiějie 姐姐	sǎozi 嫂子	mǎimai 买卖
zǎoshang 早上	wǎnshang 晚上	yǐzi 椅子
lǎozi 老子	běnshi 本事	zuǒbian 左边

❹ 4성 + 경성

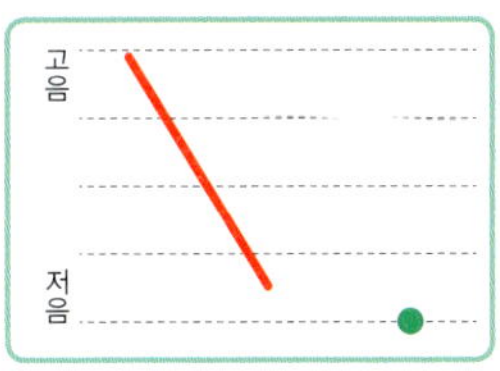

bàba 爸爸	dìdi 弟弟	mèimei 妹妹
xièxie 谢谢	yùnqi 运气	dìdao 地道
dìfang 地方	àiren 爱人	gùshi 故事

숫자

Track 25

1
一
yī

2
二
èr

3
三
sān

4
四
sì

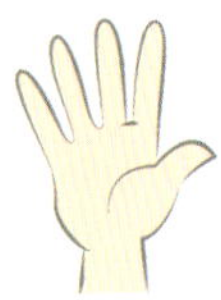

5
五
wǔ

6
六
liù

7
七
qī

8
八
bā

9
九
jiǔ

10
十
shí

shí ge ♪ Yìndì' ān rén

Track 26

十个印第安人

yí ge ♪ liǎng ge ♪ sān ge ♪ Yìndì' ān,
一个两个三个印第安,

sì ge ♪ wǔ ge ♪ liù ge ♪ Yìndì' ān,
四个五个六个印第安,

qī ge ♪ bā ge ♪ jiǔ ge ♪ Yìndì' ān,
七个八个九个印第安,

shí ge ♪ Yìndì' ān rén.
十个印第安人。

shí ge ♪ jiǔ ge ♪ bā ge ♪ Yìndì' ān,
十个九个八个印第安,

qī ge ♪ liù ge ♪ wǔ ge ♪ Yìndì' ān,
七个六个五个印第安,

sì ge ♪ sān ge ♪ liǎng ge ♪ Yìndì' ān,
四个三个两个印第安,

yí ge ♪ Yìndì' ān rén.
一个印第安人。

第三课 你最近好吗?

Nǐ zuìjìn hǎo ma?

당신은 요즘 잘 지내나요?

학습포인트

学习重点 xuéxí zhòngdiǎn

Track 27

1 일반 의문문 吗　2 형용사 술어문　3 어기조사 呢

큰 소리로 읽으세요! (大声朗读 dàshēng lǎngdú)

(아래 수업 용어를 참고만 하세요.)

1. 同学们好!　Tóngxuémen hǎo!
   학생 여러분, 안녕하세요.
2. 老师好!　Lǎoshī hǎo!
   선생님, 안녕하세요.
3. 现在开始上课!　Xiànzài kāishǐ shàngkè!
   지금부터 수업을 시작하겠습니다.
4. 下课!　Xiàkè!
   수업을 마치도록 하겠습니다!
5. 同学们再见!　Tóngxuémen zàijiàn!
   학생 여러분, 안녕!
6. 老师再见!　Lǎoshī zàijiàn!
   선생님, 안녕히 계세요(가세요)!

새단어

同学们	tóngxuémen	학생들	上课	shàngkè	수업하다
现在	xiànzài	현재, 지금	下课	Xiàkè	수업이 끝나다
开始	kāishǐ	시작하다			

회화 会话 huìhuà 01

Track 28

Dàhán : Lǎoshī, Nín hǎo!
大韩 : 老师, 您好!

Lǎoshī : Nǐ hǎo!
老师 : 你好[1]!

Dàhán : Lǎoshī, zàijiàn!
大韩 : 老师, 再见!

Lǎoshī : Míngtiān jiàn!
老师 : 明天见!

❶ '你好'는 처음 만나는 사람, 또는 이미 알고 있는 사람에게 쓰는 '안녕하세요'라는 인사말이며, '你好吗 Nǐ hǎ ma'는 아는 사람에게만 사용하는 표현으로 '잘 지냅니까(잘 지내니)'라는 안부 인사말이다.

A: 你好!
B: 你好!　　您好!　　老师好! ……

A: 你好吗?
B: (我)很好。

회화 会话 huìhuà 02

Track 29

Dàhán : Nǐ zuìjìn hǎo ma?
大韩 : 你最近好吗?

Měijīng : Hěn hǎo. Nǐ ne?
美京 : 很好[2]。你呢[3]?

Dàhán : Wǒ yě hěn hǎo[4].
大韩 : 我也很好。

Měijīng : Wǒmen míngtiān jiàn!
美京 : 我们明天[5]见!

Dàhán : Míngtiān jiàn!
大韩 : 明天见!

2. 형용사가 대조의 뜻(我忙, 他不忙。Wǒ máng, tā bù máng. 나는 바쁘고 그는 안 바쁘다.)을 나타내지 않는 경우에는 일반적으로 '很'을 앞에 부가해야 더 자연스럽다. 이때 특별히 강하게 읽지 않는 이상 '아주', '매우'라는 의미를 나타내지는 않는다. '很+형용사'인 경우 일반적으로 '很'을 번역하지 않는다.
3. '呢'는 '~는요?'라는 뜻으로 쓰인 의문 조사이다. 여기서 상대방이 물었던 것에 대해 되 묻는 의미로 쓰인다.
4. 'Wǒ yě hěn hǎo'를 읽을 때 일반적으로 Wǒ yě / hěn hǎo 식으로 된다. 네 단어 중 Wǒ yě과 hěn hǎo가 각각 긴밀도가 높기 때문이다. Wǒ yě과 hěn hǎo가 모두 두 개의 3성 으로 이어져 있어서 각각 2성+반3성으로 발음한다.
5. '明天'과 같이 시간을 나타내는 시간 명사는 주어 앞이나 주어 뒤에 모두 쓰일 수 있다. 주어가 없는 경우는 동사 앞에 쓰인다.

한자만 보고 읽어볼까요?

회화 会话 huìhuà 01

大韩 ：老师, 您好!

老师 ：你好!

大韩 ：老师, 再见!

老师 ：明天/见!

회화 会话 huìhuà 02

大韩 ：你/最近/好吗?

美京 ：很好。你呢?

大韩 ：我也/很好。

美京 ：我们/明天/见!

大韩 ：明天/见!

새로 나온 단어
生词 shēngcí

Track 30

·老师	lǎoshī	명 선생님
·您	nín	대 '당신, 너'를 뜻한 '你'의 경칭
·好	hǎo	형 좋다
·老师好	lǎoshī hǎo	선생님, 안녕하세요
·您好	nín hǎo	(위 사람에게) 안녕하세요
·你	nǐ	대 당신, 너
·你好	nǐ hǎo	안녕하세요, 안녕
·再	zài	부 또, 다시
·见	jiàn	동 만나다
·再见	zàijiàn	잘 가, 안녕(헤어질 때 하는 인사)
·明天	míngtiān	명 내일
·明天见	míngtiān jiàn	내일 보자
·最近	zuìjìn	명 최근, 요즘
·吗	ma	조 문장 끝에 쓰여 의문을 나타냄
·你好吗	Nǐ hǎo ma	잘 지냅니까(잘 지내니)
·很	hěn	부 아주
·很好	hěn hǎo	잘 지냅니다, 아주 좋다
·呢	ne	조 명사나 대명사 뒤에 쓰여 '는(은)요?'라는 뜻
·我	wǒ	대 나
·也	yě	부 도, 역시
·大韩	Dàhán	고 대한
·美京	Měijīng	고 미경

인칭대명사와 호칭

Track 31

(1)

	1인칭	2인칭	3인칭
단수	wǒ 我 나	nǐ 你 너, 당신	tā 他 그 tā 她 그녀
복수	wǒmen 我们 우리	nǐmen 你们 너희	tāmen 他们 그들 tāmen 她们 그녀들

아래 표(2)와 표(3)은 참고만 하세요.

(2)

부모와 할아버지, 할머니	bàba 爸爸 아빠 māma 妈妈 엄마	yéye 爷爷 할아버지 nǎinai 奶奶 할머니	lǎoye 姥爷 외할아버지 lǎolao 姥姥 외할머니
형제	gēge 哥哥 형, 오빠	jiějie 姐姐 누나, 언니	dìdi 弟弟 남동생 mèimei 妹妹 여동생

(3)

érzi 儿子 아들	부부	아내	àiren 爱人	tàitai 太太	lǎopo 老婆	qīzi 妻子
nǚér 女儿 딸		남편	àiren 爱人	xiānsheng 先生	lǎogōng 老公	zhàngfu 丈夫

발음
发音 fāyīn

'不(bù)'의 성조 변화

Track 32

(1) '不'가 단독으로 쓰거나 1성, 2성, 3성 앞에 쓸 때는 4성(bù)으로 읽지만, 4성 앞에 쓸 때는 2성(bú)으로 읽는다.

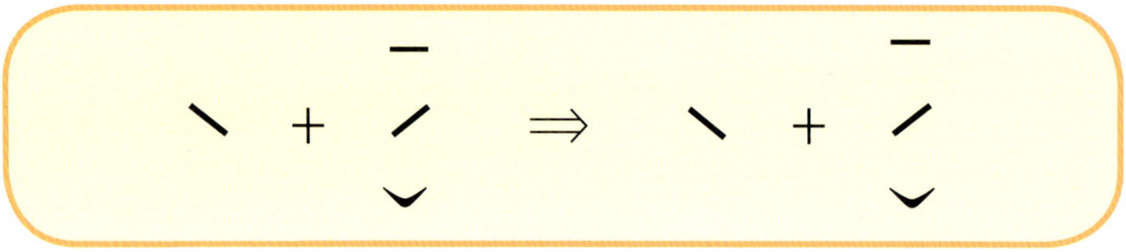

❶ bù + 1 성

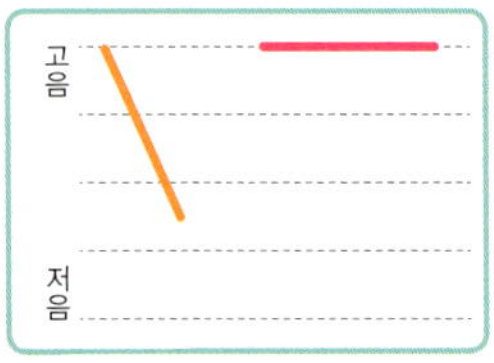

bù hēi 不黑 bù duō 不多 bù shuō 不说
bù chī 不吃 bù hē 不喝 bù xīn 不新
bù tīng 不听 bù bān 不搬 bù xīnkǔ 不辛苦

❷ bù + 2 성

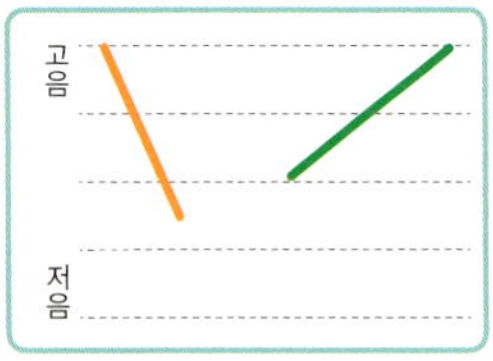

bù máng 不忙 bù nán 不难 bù tián 不甜
bù xián 不咸 bù néng 不能 bù xíng 不行
bù lái 不来 bù dú 不读 bù xué 不学

❸ bù + 3 성

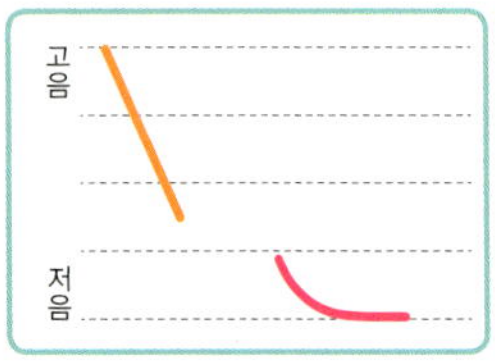

bù hǎo 不好 bù kě 不渴 bù kě'ài 不可爱
bù xiǎo 不小 bù lěng 不冷 bù hǎokàn 不好看
bù xiǎng 不想 bù gěi 不给 bù xǐhuan 不喜欢

ˋ + ˋ ⇒ ˊ + ˋ

Track 33

❹ bú + 4 성

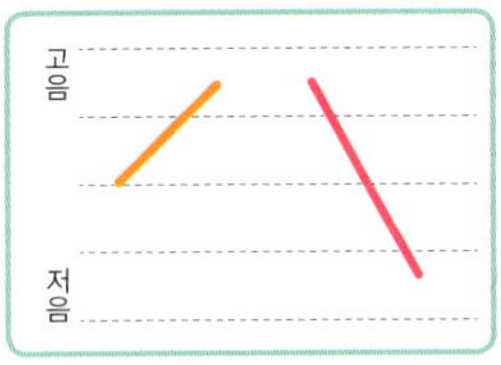

bú è 不饿	bú lèi 不累	bú kùn 不困
bú dà 不大	bú pàng 不胖	bú shì 不是
bú kàn 不看	bú qù 不去	bú xìn 不信

(2) 동사나 형용사 중첩 사이에 있는 '不'는 경성으로 읽는다.

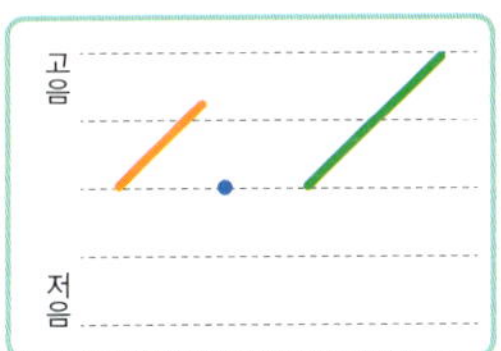

máng bu máng 忙不忙	lèi bu lèi 累不累
qù bu qù 去不去	lái bu lái 来不来
chī bu chī 吃不吃	hē bu hē 喝不喝

♬ 따라 읽어 보세요!

Track 34

Wáng lǎohàn ♪ shǒu ná ♪ yì gēn ♪ bù cháng ♪ bù duǎn de ♪ biānzi,
王老汉手拿一根不长不短的鞭子

gǎn zhe ♪ yí liàng ♪ bù xīn ♪ bú jiù de ♪ dà mǎchē,
赶着一辆不新不旧的大马车，

lā zhe ♪ mǎn chē ♪ bú jì qí shù de ♪ gāoliang,
拉着满车不计其数的高粮，

bēnchí zài ♪ bù kuān ♪ bù zhǎi de ♪ dàdào shang.
奔驰在不宽不窄的大道上。

어법
语法 yǔfǎ

예문을 큰 소리로 따라 해보세요! Track 35

1 일반의문문: ~吗?

의문문은 여러 형식이 있다. 가장 간단한 것은 문장 끝에 의문을 나타내는 '吗'를 붙인 일반 의문문이다. 한국어의 '~까?'와 유사하다.

~+ 吗?

你好吗?	Nǐ hǎo ma?
你忙吗?	Nǐ máng ma?
他帅吗?	Tā shuài ma?
他聪明吗?	Tā cōngming ma?

새단어

忙	máng	바쁘다	聪明	cōngming	똑똑하다
帅	shuài	잘생기다			

2 형용사 술어문

형용사가 술어가 되는 문형은 형용사 술어문이라고 한다. 일반적으로 긍정문에서는 '很'을 앞에 부가해야 더 자연스럽다. '很'은 '아주'라는 의미를 나타내는 것이 아니라 '장식품'이라는 역할을 하는 것이다.

긍정형 주어 + 很 + 형용사

我很饿。	Wǒ hěn è.
我很忙。	Wǒ hěn máng.

中国很大。	Zhōngguó hěn dà.
他们很聪明。	Tāmen hěn cōngming.

새단어

饿	è	배고프다	大	dà	크다
中国	Zhōngguó	중국			

부정형 주어 + 不(bù) + 형용사

'不'를 '단독으로 1성, 2성, 3성 앞에 쓸 때는 4성(bù)으로 읽는다.

我不忙。	Wǒ bù máng.
他不聪明。	Tā bù cōngming.
今天不冷。	Jīntiān bù lěng.
汉语不难。	Hànyǔ bù nán.

새단어

冷	lěng	춥나	难	nán	어렵다
汉语	Hànyǔ	중국어			

부정형 주어 + 不(bú) + 형용사

'不'를 4성 앞에 쓸 때는 2성(bú)으로 읽는다.

我不饿。	Wǒ bú è.

今天不热。	Jīntiān bú rè.
苹果不大。	Píngguǒ bú dà.
北京菜不辣。	Běijīng cài bú là.

새단어

今天	jīntiān	오늘	北京	Běijīng	북경
热	rè	덥다	菜	cài	채소, 요리
苹果	píngguǒ	사과	辣	là	맵다

3 ~呢？

문장 끝에 쓰여 '는(은)요'라는 뜻이다.

~呢？

你呢？	Nǐ ne?
你们呢？	Nǐmen ne?
明天呢？	Míngtiān ne?
同学们呢？	Tóngxuémen ne?

연습(练习 liànxí)

중국어로 말해볼까요?(说汉语 shuō Hànyǔ)

답은 어법 부분에 있음

1
❶ 잘 지내요?

❷ 바빠요?

❸ 그는 잘 생겼어요?

❹ 그는 똑똑합니까?

2
❶ 나는 배고파요.

❷ 나는 바빠요.

❸ 중국은 커요.

❹ 그들은 똑똑해요.

3
❶ 나는 바쁘지 않아요.

❷ 그는 똑똑하지 않아요.

❸ 오늘은 춥지 않아요.

❹ 중국어는 어렵지 않아요.

❺ 나는 배고프지 않아요.

❻ 오늘은 덥지 않아요.

❼ 사과가 크지 않아요.

❽ 북경요리는 맵지 않아요.

4 ❶ 당신은요?

❷ 여러분은요?

❸ 내일은요?

❹ 학생들은요?

단어 테스트를 해 볼까요?(单词测验 dāncí cèyàn)

한자	병음	한국어	한자	병음	한국어
老师			吗		
我			呢		
你			您好		
明天			你好		
最近			再见		
很			老师好		
也			明天见		
再			见		
您			他		

마무리해볼까요?(复习课文 fùxí kèwén)

답은 본 과의 회화문임

병음을 보고 한자를 쓰세요.(看拼音写汉字 kàn pīnyīn xiě Hànzì)

회화 会话 huìhuà 01

Dàhán : Lǎoshī, nín hǎo!

大韩 : ....

Lǎoshī : Nǐ hǎo!

老师 : ....

Dàhán : Lǎoshī, zàijiàn!

大韩 : ....

Lǎoshī : Míngtiān jiàn!

老师 : ....

회화 会话 huìhuà 02

Dàhán : Nǐ zuìjìn hǎo ma?

大韩 : ....

Měijīng: Hěn hǎo. Nǐ ne?

美京 : ....

Dàhán : Wǒ yě hěn hǎo.

大韩 : ....

Měijīng: Wǒmen míngtiān jiàn!

美京 : ....

Dàhán : Míngtiān jiàn!

大韩 : ....

회화 연습 (对话练习 duìhuà liànxí)

1. 你好!
2. 你最近好吗?
3. 你最近忙吗?
4. 汉语难吗?
5. 现在你饿吗?
6. 今天冷吗?
7. 中国大吗?
8. 你爸爸帅吗?
9. 北京菜辣吗?
10. 你聪明吗?

북경 맛집: 동래순반점(东来顺饭店)

第四课

Hànyǔ hěn yǒuyìsi.

汉语很有意思。

중국어는 아주 재미있어요.

학습포인트
学习重点 xuéxí zhòngdiǎn

Track 36

1 동사술어문 2 의문대명사 什么, 怎么样 3 정반의문문

큰 소리로 읽으세요! (大声朗读 dàshēng lǎngdú)

1. 你吃什么? Nǐ chī shén me?
   무엇을 먹을래?
2. 我吃油条。你吃不吃? Wǒ chī yóutiáo. Nǐ chī bu chī?
   나는 유탸오를 먹을래. 넌?
3. 我不吃油条，我吃米饭。 Wǒ bù chī yóutiáo, wǒ chī mǐfàn.
   나는 유탸오를 안 먹고 밥 먹을래.
4. 我喝咖啡。你呢? Wǒ hē kāfēi. Nǐ ne?
   나는 커피 마실래. 너는?
5. 汉语很有意思。英语怎么样?
   Hànyǔ hěn yǒuyìsi. Yīngyǔ zěnmeyàng?
   중국어는 재미있어. 영어는 어때?
6. 英语也很有意思。 Yīngyǔ yě hěn yǒuyìsi.
   영어도 재미있어.

회화 会话 huìhuà 01

Track 37

Wáng Fāng: Zǎo!
王芳 : 早!

Lǐ wěi : Zǎo!
李伟 : 早!

Wáng Fāng: Nǐ chī shénme?
王芳 : 你吃什么?

Lǐ wěi : Wǒ chī yóutiáo. Nǐ chī bu chī?
李伟 : 我吃油条。你吃不吃?

Wáng Fāng: Wǒ bù chī yóutiáo, wǒ chī mǐfàn.
王芳 : 我不吃油条, 我吃米饭。

터치 중국문화

油条 | yóutiáo

중국(中国)의 빵. 기름과자라는 뜻으로, 밀가루 반죽을 한 뒤 발효시켜 30센티 정도의 길쭉한 모양으로 만들어 기름에 바삭하게 튀겨내는데, 겉은 바삭하고 속은 부드럽다. 아침 식사 대용으로 豆浆[dòujiāng](콩물)과 함께 먹는다.

회화 会话 huìhuà 02

Track 38

Dàhán：Zǎoshang hǎo!
大韩：早上好!

Měijīng：Zǎoshang hǎo!
美京：早上好!

Dàhán：Nǐ hē shénme?
大韩：你喝什么?

Měijīng：Wǒ hē kāfēi. Nǐ ne?
美京：我喝咖啡。你呢?

Dàhán：Wǒ yě hē kāfēi.
大韩：我也喝咖啡。

중국의 스타벅스
(星巴克 Xīngbākè)

회화 会话 huìhuà 03

Track 39

Dàhán : Nǐ xué shénme?
大韩 : 你学什么?

Měijīng : Wǒ xué Hànyǔ. Dàhán, nǐ ne?
美京 : 我学汉语。大韩, 你呢?

Dàhán : Wǒ xué Yīngyǔ. Hànyǔ yǒuyìsi ma?
大韩 : 我学英语。汉语有意思吗?

Měijīng : Hànyǔ hěn yǒuyìsi. Yīngyǔ zěnmeyàng?
美京 : 汉语很有意思。英语怎么样?

Dàhán : Yīngyǔ yě hěn yǒuyìsi.
大韩 : 英语也很有意思。

다른 외국어를 알아볼까요?

국가	언어
Rìběn 日本	Rìyǔ 日语 일본어
Fǎguó 法国	Fǎyǔ 法语 불어
Déguó 德国	Déyǔ 德语 독어

국가	언어
Xībānyá 西班牙	Xībānyáyǔ 西班牙语 스페인어
Yìdàlì 意大利	Yìdàlìyǔ 意大利语 이태리어
Éluósī 俄罗斯	Éyǔ 俄语 러시아어

한자만 보고 읽어볼까요?

회화 会话 huìhuà 01

王芳 ：早!

李伟 ：早!

王芳 ：你吃/什么?

李伟 ：我吃/油条。你/吃不吃?

王芳 ：我/不吃/油条，我吃/米饭。

회화 会话 huìhuà 02

大韩 ：早上好!

美京 ：早上好!

大韩 ：你喝/什么?

美京 ：我喝/咖啡。你呢?

大韩 ：我也/喝咖啡。

회화 03
会话 huìhuà

大韩 : 你学/什么?

美京 : 我学/汉语。大韩，你呢?

大韩 : 我学/英语。汉语/有意思吗?

美京 : 汉语/很有意思。英语/怎么样?

大韩 : 英语/也/很有意思。

중국 사람들이 자주 쓰는 안부인사말 알아볼까요?

你最近怎么样? → 挺好的。

Nǐ zuìjìn zěnmeyàng? → Tǐng hǎo de.

他最近怎么样? → 还可以。/还行。

Tā zuìjìn zěnmeyàng? → Hái kěyǐ. / Hái xíng.

새단어

挺～的	tǐng ~ de	꽤~	可以	kěyǐ	괜찮다, 좋다
还	hái	그런대로, 꽤	行	xíng	괜찮다, 좋다

[그런대로 만족스럽거나 괜찮은 정도를 나타냄]

새로 나온 단어
生词 shēngcí

Track 40

- 早 zǎo 형 이르다
- 吃 chī 동 먹다
- 什么 shénme 대 무엇, 무슨, 어떤
- 吃什么 chī shénme 무엇을 드세요? 무엇을 먹을래?
- 油条 yóutiáo 명 밀가루 반죽을 발효시켜 길이 30센티 정도의 길쭉한 모양으로 만들어 기름에 튀긴 푸석푸석한 식품. 주로 중국 북방에서 아침 식사로 먹음
- 不 bù 부 (동사 · 형용사 또는 일부 부사 앞에서) 부정(否定)을 나타냄
- 米饭 mǐfàn 명 쌀밥
- 早上 zǎoshang 명 아침
- 喝 hē 동 마시다
- 喝什么 hē shénme 무엇을 마십니까? 무엇을 마실래?
- 咖啡 kāfēi 명 커피
- 学 xué 동 배우다
- 学什么 xué shénme 무엇을 배웁니까? 무엇을 배울래?
- 有意思 yǒuyìsi 형 재미있다
- 怎么样 zěnmeyàng 대 어떻습니까?
- 汉语 Hànyǔ 고 중국어
- 英语 Yīngyǔ 고 영어

어법
语法 yǔfǎ

예문을 큰 소리로 따라 해보세요! Track 41

1 동사 술어문

동사 또는 동사구가 주요 술어가 되는 문장을 동사술어문이라 한다. 동사는 동작이나 행위 및 심리활동 등을 묘사한다. 목적어가 없어도 동사 술어문을 이룰 수 있다. 즉 주어 + 동사 + 목적어이다.

긍정형 주어 + 동사 + 목적어

我吃饭。	Wǒ chī fàn.
我喝水。	Wǒ hē shuǐ.
我说汉语。	Wǒ shuō Hànyǔ.
他看电影。	Tā kàn diànyǐng.

부정형 주어 + 不(bù) + 동사 + 목적어

我不吃饭。	Wǒ bù chī fàn.
我不喝水。	Tā bù hē shuǐ.
我不说汉语。	Wǒ bù shuō Hànyǔ.
我不学英语。	Wǒ bù xué Yīngyǔ.

부정형 주어 + 不(bú) + 동사 + 목적어

他不见我。	Tā bú jiàn wǒ.
我不看书。	Wǒ bú kàn shū.
他不看电影。	Tā bú kàn diànyǐng.
我不唱歌。	Wǒ bú chàng gē.

새단어

水	shuǐ	물	书	shū	책
说	shuō	말하다	唱	chàng	(노래를)부르다
看	kàn	보다	歌	gē	노래
电影	diànyǐng	영화			

2 의문대명사 什么/怎么样

의문대명사를 써서 그 의문대명사에 대해서 질문할 때는 문장 끝에 의문을 나타내는 '吗'를 쓰지 않는다. 주의해야 할 것은, 의문대명사가 들어가도 문장의 어순은 바뀌지 않는다는 것이다.

❶ 什么

'什么'는 '무엇, 무슨, 어떤, 어느'란 뜻한다.

주어 + 동사 + 什么?

你吃什么? → 我吃油条。
Nǐ chī shénme? Wǒ chī yóutiáo.

你喝什么?	→	我喝水。
Nǐ hē shénme?		Wǒ hē shuǐ.
你学什么?	→	我学汉语。
Nǐ xué shénme?		Wǒ xué Hànyǔ.
你看什么?	→	我看汉语书。
Nǐ kàn shénme?		Wǒ kàn Hànyǔ shū.

❷ 怎么样

'怎么样'는 '어떻다, 어떠하다'란 뜻한다.

~, 怎么样?

我们吃饺子, 怎么样?	→	行。
Wǒmen chī jiǎozi, zěnmeyàng?	→	Xíng.
我们吃包子, 怎么样?	→	可以。
Wǒmen chī bāozi, zěnmeyàng?	→	kěyǐ.
我们喝啤酒, 怎么样?	→	行。
Wǒmen hē píjiǔ, zěnmeyàng?	→	Xíng.

새단어

饺子	jiǎozi	만두	啤酒	píjiǔ	맥주
包子	bāozi	속이 들어 있는 찐빵			

3 정반의문문

술어에 형용사나 동사의 긍정형식과 부정형식을 병렬하여 만든 의문문을 정반의문문이라고 한다. 문장 끝에 '吗'를 쓰지 않는다. 특별히 강조하지 않은 한, 문장 끝에 '吗'를 쓰는 의문문과 같은 의미를 지닌다.

❶ 형용사

A + 不(bu) + A?

你渴不渴？	Nǐ kě bu kě?
你累不累？	Nǐ lèi bu lèi?
她忙不忙？	Tā máng bu máng?
汉语难不难？	Hànyǔ nán bu nán?

❷ 동사

V + 不(bu) + V + (목적어)?

你喝不喝水？	Nǐ hē bu hē shuǐ?
你吃不吃油条？	Nǐ chī bu chī yóutiáo?
他看不看电影？	Tā kàn bu kàn diànyǐng?
你学不学汉语？	Nǐ xué bu xué Hànyǔ?

새단어

渴	kě	갈증 난다	累	lèi	피곤하다, 힘들다

연습(练习 liànxí)

중국어로 말해볼까요?(说汉语 shuō Hànyǔ)

답은 어법 부분에 있음

1
❶ 나는 밥을 먹어요.

❷ 나는 물을 마셔요.

❸ 나는 중국어를 말해요.

❹ 그는 영화를 봐요.

2
❶ 나는 밥을 안 먹어요.

❷ 그는 물을 안 마셔요.

❸ 나는 중국어로 말하지 않아요.

❹ 나는 영어를 안 배워요.

3 ❶ 그는 나를 안 만나요.

❷ 나는 책을 안 봐요.

❸ 그는 영화를 안 봐요.

❹ 나는 노래를 안 불러요.

4 ❶ 뭘 드실래요? → 난 유탸오 먹을래요.

❷ 뭘 마실래요? → 난 물 마실래요.

❸ 뭘 배우실래요? → 난 중국어를 배울래요.

❹ 뭘 보실래요? → 난 중국어 책을 볼래요.

5 ❶ 우리 만두를 먹는 게 어때요? → 좋아요.

❷ 우리 (속이 들어 있는) 찐빵을 먹는 게 어때요? → 좋아요.

❸ 우리 맥주를 마시는 게 어때요? → 좋아요.

6 정반의문문으로 질문하세요.

❶ 갈증 나요?

❷ 피곤해요?

❸ 그녀는 바빠요?

❹ 중국어는 어려워요?

7 정반의문문으로 질문하세요.

❶ 물 마실래요?

❷ 유탸오 드실래요?

❸ 그는 영화를 보나요?

❹ 중국어를 배워요?

단어 테스트를 해 볼까요?(单词测验 dāncí cèyàn)

한자	병음	한국어	한자	병음	한국어
吃			有意思		
喝			汉语		
学			英语		
米饭			不		
油条			吃什么		
咖啡			喝什么		
早			学什么		
早上			怎么样		

饺子 jiǎozi

마무리해볼까요?(复习课文 fùxí kèwén)

답은 본 과의 회화문임

병음을 보고 한자를 쓰세요.(看拼音写汉字 kàn pīnyīn xiě Hànzì)

회화 会话 huìhuà 01

Wáng Fāng : Zǎo!

王芳 : ....

Lǐ wěi : Zǎo!

李伟 : ....

Wáng Fāng : Nǐ chī shénme?

王芳 : ....

Lǐ wěi : Wǒ chī yóutiáo. Nǐ chī bu chī?

李伟 : ....

Wáng Fāng : Wǒ bù chī yóutiáo, wǒ chī mǐfàn.

王芳 : ....

회화 会话 huìhuà 02

Dàhán : Zǎoshang hǎo!

大韩 : ....

Měijīng: Zǎoshang hǎo!

美京 : ....

Dàhán : Nǐ hē shénme?

大韩 : ....

Měijīng: Wǒ hē kāfēi. Nǐ ne?

美京 : ....

Dàhán : Wǒ yě hē kāfēi.

大韩 : ....

회화 会话 huìhuà 03

Dàhán : Nǐ xué shénme?

大韩 : ....

Měijīng: Wǒ xué Hànyǔ. Dàhán, nǐ ne?

美京 : ....

Dàhán : Wǒ xué Yīngyǔ. Hànyǔ yǒuyìsi ma?

大韩 : ....

Měijīng: Hànyǔ hěn yǒuyìsi. Yīngyǔ zěnmeyàng?

美京 : ....

Dàhán : Yīngyǔ yě hěn yǒuyìsi.

大韩 : ....

包子 bāozi

회화 연습 (对话练习 duìhuà liànxí)

1 你早上吃饭吗? 一般吃什么?

2 你早上喝咖啡吗?

3 中国人早上一般吃什么?

4 饺子、包子、馒头、油条中你喜欢吃什么?

5 饺子、包子、馒头、油条中你想吃什么?

6 你学什么? 你觉得有意思吗?

7 你想学什么?

一般	yìbān	보통
中	zhōng	~의 중에
馒头	mántou	찐빵(소를 넣지 않고 밀가루만을 발효시켜 만든 것)
想	xiǎng	하고 싶다
觉得	juéde	~라고 느끼다

馒头 mántou

第五课 新华书店在哪儿?

Xīnhuá Shūdiàn zài nǎr?

신화서점은 어디에 있나요?

학습포인트

学习重点 xuéxí zhòngdiǎn

Track 42

1 의문대명사 哪儿 2 동사 在 3 不太

큰 소리로 읽으세요! (大声朗读 dàshēng lǎngdú)

1. 好久不见! Hǎojiǔ bújiàn!
오랜만이야.

2. 你去哪儿? Nǐ qù nǎr?
어디 가니?

3. 我去学校。 Wǒ qù xuéxiào.
난 학교에 가.

4. 请问，新华书店在哪儿?
Qǐngwèn，Xīnhuá Shūdiàn zài nǎr?
실례합니다. 신화서점은 어디에 있나요?

5. 对不起，我不太清楚。
Duìbuqǐ，wǒ bútài qīngchu.
미안합니다만 잘 모르겠어요.

6. 就在那儿。 Jiù zài nàr.
바로 저기에 있어요.

회화 会话 huìhuà 01

Track 43

Wáng Fāng : Hǎojiǔ bújiàn!
王芳 : 好久不见![1]

Lǐ wěi : Hǎojiǔ bújiàn!
李伟 : 好久不见!

Wáng Fāng : Nǐ qù nǎr?
王芳 : 你去哪儿?

Lǎoshī : Wǒ qù xuéxiào. Nǐ ne?
李伟 : 我去学校。你呢?

Wáng Fāng : Wǒ qù Xīnhuá Shūdiàn.
王芳 : 我去新华书店。

❶ '好久'는 '아주 오랫동안', '不见'은 '만나지 않았다'라는 뜻으로, '好久不见'은 '오래간만이다'라는 상용 표현이다.

회화 会话 huìhuà 02

Track 44

Wáng Fāng: Qǐngwèn, Xīnhuá Shūdiàn zài nǎr?

王芳 : 请问，新华书店在哪儿？

xíngrénA : Duìbuqǐ, wǒ bútài qīngchu.

行人A : 对不起，我不太清楚。

Wáng Fāng: Qǐngwèn, Xīnhuá Shūdiàn zài nǎr?

王芳 : 请问，新华书店在哪儿？

xíngrénB : Jiù zài nàr.

行人B : 就在那儿。

Wáng Fāng: Xièxie!

王芳 : 谢谢！

xíngrénB : Búyòng xiè!

行人B : 不用谢[2]！

❷ '不客气 búkèqi'라도 대답할 수 있다. '不客气'는 '不用谢'보다 더 정중한 표현이다.

한자만 보고 읽어볼까요?

회화 会话 huìhuà 01

王芳　: 好久不见!

李伟　: 好久不见!

王芳　: 你去/哪儿?

李伟　: 我去/学校。你呢?

王芳　: 我去/新华书店。

회화 会话 huìhuà 02

王芳　: 请问, 新华书店/在哪儿?

行人A : 对不起, 我/不太清楚。

王芳　: 请问, 新华书店/在哪儿?

行人B : 就在/那儿。

王芳　: 谢谢!

行人B : 不用谢!

새로 나온 단어
生词 shēngcí

Track 45

好	hǎo	부 아주
久	jiǔ	형 오래다, 시간이 길다
好久	hǎojiǔ	형 아주 오랫동안
不见	bújiàn	동 만나지 않다, 보지 않다
好久不见	hǎojiǔ bújiàn	오래간만이다
去	qù	동 가다
哪儿	nǎr	대 어디
学校	xuéxiào	명 학교
书店	shūdiàn	명 서점
请	qǐng	동 부탁하다, 청하다
问	wèn	동 묻다
请问	qǐngwèn	여쭈어보겠습니다
在	zài	동 (어디에) 있다
对不起	duìbuqǐ	미안하다
不太~	bútài	그다지 ~하지 않다
清楚	qīngchu	형 분명하다, 뚜렷하다
就	jiù	부 바로
那儿	nàr	대 거기, 저기
就在那儿	jiù zài nàr	바로 저기에 있어요
谢	xiè	동 감사하다 (단독으로 사용하지 못하고 谢谢 xièie, 感谢 gǎnxiè, 多谢 duōxiè 등 다른 글자와 같이 사용함)
谢谢	xièxie	감사하다
不用	búyòng	~할 필요가 없다
不用谢	búyòng xiè	별말씀을요
新华书店	Xīnhuá Shūdiàn	고 신화서점

지시대명사

Track 46

zhè 这 이, 이것(말하는 당사자로부터 가까이 있는 곳에 있는 사람 · 사물을 가리킴)	zhèr 这儿 여기	zhè li 这里 여기
nà 那 저, 저것, 그, 그것(말하는 당사자로부터 멀리 떨어진 곳에 있는 사람 · 사물을 가리킴)	nàr 那儿 저기, 거기	nà li 那里 저기, 거기
nǎ 哪 어느	nǎr 哪儿 어디	nǎ li 哪里 어디

'这儿'와 '这里', '那儿'와 '那里', '哪儿'와 '哪里'는 모두 같은 의미를 가지고 있지만 '这儿 · 那儿 · 哪儿'는 주로 구어체에서, '这里 · 那里 · 哪里'는 주로 문어체와 정중하게 표현하고자 할 경우에 쓰인다.

터치 중국문화

新华书店 | Xīnhuá Shūdiàn

신화서점은 중국의 전국 체인 서점으로 1937년 4월 24일에 중국 공산당 중앙 홍보부, 중국 출판 협회에 의해 설립된 중국 정부 소유의 서점입니다. 그래서 정부측 간행물을 홍보 및 간행하며, 전국 각지에 분점을 갖고 있습니다. 2006년에 조사한 결과로는 14000여개의 점포망을 구축하여, 홍콩, 마카오에서도 운영을 하고 있으며, 본점은 북경에 위치해 있습니다. 신화서점의 가판 글씨는 모택동(毛泽东 Máo Zédōng)이 쓴 것입니다.

발음
发音 fāyīn

1 儿化 érhuà 현상

Track 47

'儿化' 란 어떤 음절을 발음할 때 음절의 끝에서 '儿er'소리를 덧붙여 '혀를 마는' 동작이 일어난 현상을 말한다. 이때 '儿'은 앞 음절과 결합되어 하나의 음절로 발음된다. 한어병음 표기는 원래의 음절 표기에 'r'만을 더한다. 'r' 앞의 음절에 따라 '儿化' 된 음절의 독음에도 변화가 일어난다.

얼화운이 아닌 단독으로 쓰일 때	ěr 耳	èr 二	érzi 儿子	nǚ'ér 女儿

얼화는 일반적으로 귀엽고 친숙한 이미지나 작고 가벼운 상태를 나타내며(특히 북경에서 많이 사용함) 의미나 품사가 달라지지는 않는다.

친숙한 이미지, 따뜻한 태도 등을 나타냄	lǎobànr 老伴儿 늙은 배우자	dàshěnr 大婶儿 아줌마
작거나 적은 상태를 나타냄	xiǎoyúr 小鱼儿 작은 물고기	xiǎogǒur 小狗儿 강아지

간혹 얼화로 품사나 의미를 변별하기도 한다.

품사가 달라짐	gài 盖 (동사) 덮다	gàir 盖儿 (명사) 뚜껑
의미가 달라짐	xìn 信 편지	xìnr 信儿 소식

♬ 따라 읽어 보세요!

Track 48

Xiǎo ♪ gē liǎr, hóng ♪ liǎn dànr, shǒu ♪ lā shǒur, yí kuàir ♪ wánr.
小哥俩儿，红脸蛋儿，手拉手儿，一块儿玩儿。

xiǎo ♪ gē liǎr, yí ge ♪ bānr, yí lù ♪ shàngxué ♪ chàng zhe ♪ gēr.
小哥俩儿，一个班儿，一路上学唱着歌儿。

어법
语法 yǔfǎ

예문을 큰 소리로 따라 해보세요! Track 49

1 의문대명사 哪儿

의문 대명사 '哪儿'을 써서 장소가 어디냐고 질문할 때 문장 끝에 의문을 나타내는 '吗'를 쓰지 않는다. 주의해야 할 것은 의문대명사가 들어가도 문장 어순은 바뀌지 않는다는 점이다.

주어 + 동사 + 哪儿

他去哪儿?	Tā qù nǎr?
老师去哪儿?	Lǎoshī qù nǎr?
爸爸去哪儿?	Bàba qù nǎr?
妈妈去哪儿?	Māma qù nǎr?

2 동사 在

동사 '在'는 '~(에) 있다, ~(에)존재하다'를 뜻한다.

의문형 ~ + 在 + 哪儿?

他在哪儿?	Tā zài nǎr?
老师在哪儿?	Lǎoshī zài nǎr?
爸爸在哪儿?	Bàba zài nǎr?
妈妈在哪儿?	Māma zài nǎr?

긍정형 ～ + 在 + 장소

我在家。	Wǒ zài jiā.
妹妹在学校。	Mèimei zài xuéxiào.
书在我这儿。	Shū zài wǒ zhèr.
手机在妈妈那儿。	Shǒujī zài māma nàr.

새단어

家	jiā	집	手机	shǒujī	휴대폰
我这儿	wǒ zhèr	내가 있는 이 곳	妈妈那儿	māma nàr	엄마가 계신 그 곳

부정형 ～ + 不在 + 장소

我不在家。	Wǒ bú zài jiā.
妹妹不在学校。	Mèimei bú zài xuéxiào.
书不在我这儿。	Shū bú zài wǒ zhèr.
手机不在妈妈那儿。	Shǒujī bú zài māma nàr.

3 不太~

'不太'는 형용사나 심리활동을 나타내는 동사(예를 들면, 喜欢 xǐhuan 좋아하다)를 수식하며 '별로 ~하지 않습니다'의 의미를 표현한다. '不太+형용사/심리동사'의 형식으로 나타낸다.

不太 + 형용사/심리동사

今天不太冷。	Jīntiān bútài lěng.
今天不太热。	Jīntiān bútài rè.
我不太累。	wǒ bútài lèi.
他不太喜欢运动。	Tā bútài xǐhuan yùndòng.

새단어

热	rè	덥다	运动	yùndòng	운동
喜欢	xǐhuan	좋아하다			

연습(练习 liànxí)

중국어로 말해볼까요?(说汉语 shuō Hànyǔ)

답은 어법 부분에 있음

1 ❶ 그는 어디 가세요?

❷ 선생님은 어디 가세요?

❸ 아빠는 어디 가세요?

❹ 엄마는 어디 가세요?

2 ❶ 그는 어디에 계세요?

❷ 선생님은 어디에 계세요?

❸ 아빠는 어디에 계세요?

❹ 엄마는 어디에 계세요?

3 ❶ 나는 집에 있어요.

❷ 여동생은 학교에 있어요.

❸ 책은 나한테 있어요.

❹ 휴대폰은 엄마한테 있어요.

4 ❶ 나는 집에 없어요.

❷ 여동생은 학교에 없어요.

❸ 책은 나한테 없어요.

❹ 휴대폰은 엄마한테 없어요.

5 ❶ 오늘 별로 춥지 않아요.

❷ 오늘 별로 덥지 않아요.

❸ 나는 별로 피곤하지 않아요.

❹ 그는 운동을 별로 좋아하지 않아요.

단어 테스트를 해 볼까요? (单词测验 dāncí cèyàn)

한자	병음	한국어	한자	병음	한국어
学校			不太清楚		
请问			哪儿		
书店			那儿		
去			在那儿		
就			去哪儿		
在			去那儿		
请			就在那儿		
问					

마무리해볼까요?(复习课文 fùxí kèwén)

답은 본 과의 회화문임

병음을 보고 한자를 쓰세요.(看拼音写汉字 kàn pīnyīn xiě Hànzì)

회화 会话 huìhuà 01

Wáng Fāng : Hǎojiǔ bújiàn!

王芳 : ....

Lǐ wěi : Hǎojiǔ bújiàn!

李伟 : ....

Wáng Fāng : Nǐ qù nǎr?

王芳 : ....

Lǐ wěi : Wǒ qù xuéxiào. Nǐ ne?

李伟 : ....

Wáng Fāng : Wǒ qù Xīnhuá Shūdiàn.

王芳 : ....

회화 会话 huìhuà 02

Wáng Fāng : Qǐngwèn, Xīnhuá Shūdiàn zài nǎr?

王芳 : ....

xíngrénA : Duìbuqǐ, wǒ bútài qīngchu.

行人A : ....

Wáng Fāng : Qǐngwèn, Xīnhuá Shūdiàn zài nǎr?

王芳 : ....

xíngrénB : Jiù zài nàr.

行人B : ....

Wáng Fāng : Xièxie!

王芳 : ....

xíngrénB : Búyòng xiè!

行人B : ....

회화 연습 (对话练习 duìhuà liànxí)

1. 好久不见!
2. 下课后你去哪儿?
3. 教保文库在哪儿?
4. 你的手机在哪儿?
5. 今天冷吗? (不太~)
6. 今天热吗? (不太~)
7. 你今天累吗? (不太~)
8. 你喜欢运动吗?
9. 你妈妈在家吗?
10. 汉语书在你那儿吗?

后	hòu	(시간상으로) 뒤의, 후의
教保文库	Jiàobǎowénkù	교보문고

중국문화 맛보기

2012년 10월 중국 대표 작가인 모옌(莫言 Mò Yán)이 노벨문화상을 받았다. 수상작은 '인생은 고달파'(《生死疲劳》 shēngsǐ píláo)이다.

莫言

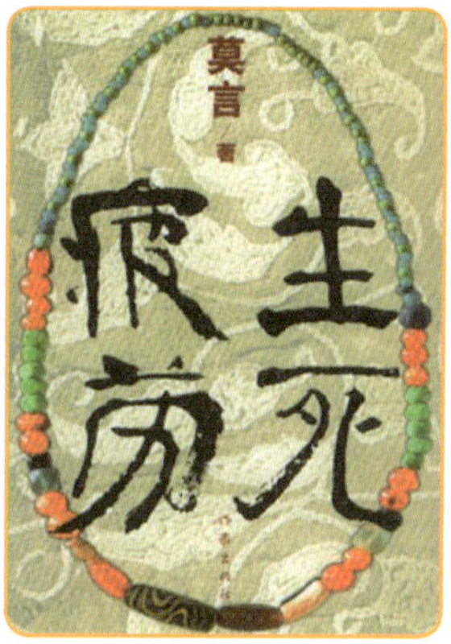

生死疲劳

모옌은 "신비한 현실주의와 민간 이야기, 역사와 현대의 조화"로 노벨 문학상을 받았다. 대표적인 작품은 《红高粱》《檀香刑》《丰乳肥臀》《酒国》《生死疲劳》《蛙》 등이 있다.

《红高粱》(붉은 수수밭 가족)

《酒国》(술의 나라)

《蛙》(개구리)

第六课 你叫什么名字?

Nǐ jiào shénme míngzi?

이름이 뭐예요?

학습포인트
学习重点 xuéxí zhòngdiǎn

Track 50

1 판단 동사 是　2 어기조사 吧　3 구조 조사 的 (1)

큰 소리로 읽으세요! (大声朗读 dàshēng lǎngdú)

① 老师, 您贵姓?　Lǎoshī, nín guì xìng?
선생님의 성은 어떻게 되세요?

② 你叫什么名字?　Nǐ jiào shénme míngzi?
이름이 뭐예요?

③ 你是哪国人?　Nǐ shì nǎ guó rén?
어느 나라 사람입니까?

④ 你是韩国人吧?　Nǐ shì Hánguó rén ba?
한국 사람이지요?

⑤ 你是哪里人?　Nǐ shì nǎ li rén?
어느 지역 사람입니까?

⑥ 这是我的中国朋友李伟。
Zhè shì wǒ de Zhōngguó péngyou Lǐ Wěi.
이 사람이 내 중국 친구인 이위입니다.

회화 会话 huìhuà 01

Track 51

Dàhán : Lǎoshī, nín guì xìng?
大韩 : 老师, 您贵姓❶?

lǎoshī : Wǒ xìng Wáng.
老师 : 我姓王。

Dàhán : Wáng lǎoshī, nín hǎo!
大韩 : 王老师, 您好!

lǎoshī : Nǐ hǎo! Nǐ jiào shénme míngzi?
老师 : 你好! 你叫什么名字❷?

Dàhán : Wǒ jiào Jīn Dàhán.
大韩 : 我叫金大韩❸。

❶ 중국에서 '성씨+신분/직위(老师, 科长 kēzhǎng 과장 등)'이라고 부르는 것은 존경함과 친근함을 나타낸다. '성씨+이름+신분/직위'이라고 부르는 것은 엄숙한 느낌이 있어 같은 성씨인 여러 명을 구분해야 할 경우에만 그러하다. 따라서 처음으로 만난 사람한테 '您贵姓?'이나 '您怎么称呼?(Nín zěnme chēnghu?)'라는 높임말을 쓰고 질문을 받는 사람이 '我姓+성'라는 식으로 대답한다. 하지만 제3자의 성을 물을 때 높임말을 쓰지 않고 '他姓什么'라고 하고 '他姓朴'처럼 대답한다.

❷ 윗사람이 동년배나 아랫사람에게 쓸 수 있는 표현이다.

자기의 이름을 중국어로 말해 볼까요?

你叫什么名字? 我叫____________。

옆 자리의 친구이름을 다른 친구에게 알려주세요!

他叫什么名字? 他叫____________。

❸ 중국에서 자기의 이름을 말한 후에 더 구체적인 소개를 하는 경우가 많다. 예를 들면 '金大韩'의 경우, '黄金的金、大小的大、韩国的韩(huángjīn de jīn、dàxiǎo de dà、Hánguó de hán)'라고 할 수 있다. 또 예를 들면 '李伟'라고 하면 '木子李、伟大的伟 (mù zǐ lǐ、wěidà de wěi)'라고 할 수 있다.

회화 会话 huìhuà 02

Track 52

Dàhán : Nǐ shì nǎ guó rén?
大韩 : 你是哪国人？

Wáng Fāng : Wǒ shì Zhōngguó rén. Nǐ shì Hánguó rén ba?
王芳 : 我是中国人。你是韩国人吧？

Dàhán : Duì, wǒ shì Hánguó rén.
大韩 : 对，我是韩国人。

Wáng Fāng : Tā shì······
王芳 : 他是······

Dàhán : Zhè shì wǒ de Zhōngguó péngyou Lǐ Wěi.
大韩 : 这是我的中国朋友李伟。

나라 이름과 그 나라의 수도를 알아볼까요? (1)

	나라	수도		나라	수도
	Hánguó 韩国	Shǒu'ěr 首尔		Yīngguó 英国	Lúndūn 伦敦
	Zhōngguó 中国	Běijīng 北京		Déguó 德国	Bólín 柏林
	Xīnjiāpō 新加坡	Xīnjiāpōshì 新加坡市		Fǎguó 法国	Bālí 巴黎

회화 会话 huìhuà 03

Track 53

WángFāng : Nǐmen shì nǎ li rén?
王芳 : 你们是哪里人?

Dàhán : Wǒ shì Shǒu'ěr rén, tā shì Fǔshān rén. Nǐmen ne?
大韩 : 我是首尔人，她是釜山人。你们呢?

WángFāng : Wǒ shì Shànghǎi rén.
王芳 : 我是上海人。

Lǐ wěi : Wǒ shì Běijīng rén.
李伟 : 我是北京人。

나라 이름과 그 나라의 수도를 알아볼까요? (2)

	나라	수도		나라	수도
	Yuènán 越南	Hénèi 河内		Yìdàlì 意大利	Luómǎ 罗马
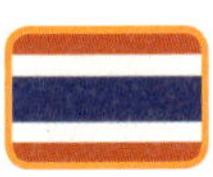	Tàiguó 泰国	Màngǔ 曼谷		Éluósī 俄罗斯	Mòsīkē 莫斯科
	Měiguó 美国	Huáshèngdùn 华盛顿	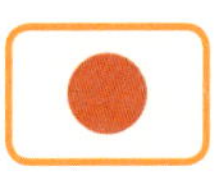	Rìběn 日本	Dōngjīng 东京

자신있게 대답을 해 볼까요?

您贵姓?
他姓什么?

我姓 ________________。
他姓 ________________。

你是哪国人?

我是 ________________。

你是哪里人?

我是 ________________。

한자만 보고 읽어볼까요?

회화 会话 huìhuà 01

大韩 ： 老师，您贵姓？

老师 ： 我/姓/王。

大韩 ： 王老师，您好！

老师 ： 你好！你叫/什么名字？

大韩 ： 我叫/金大韩。

회화 会话 huìhuà 02

大韩 ： 你是/哪国人？

王芳 ： 我是/中国人。你是/韩国人吧？

大韩 ： 对，我是/韩国人。

王芳 ： 他是……

大韩 ： 这是/我的/中国朋友/李伟。

회화 会话 huìhuà 03

王芳 ： 你们是/哪里人？

大韩 ： 我是/首尔人，她是/釜山人。你们呢？

王芳 ： 我是/上海人。

李伟 ： 我是/北京人。

새로 나온 단어
生词 shēngcí

Track 54

· 贵	guì	형 귀하다, 비싸다
· 姓	xìng	동 성이 ~ 이다
· 贵姓	guì xìng	명 성씨(姓氏)
· 您贵姓	nín guì xìng	성이 무엇입니까?
· 叫	jiào	동 ~라고 부르다, 부르다
· 名字	míngzi	명 이름
· 是	shì	동 이다
· 哪	nǎ	대 어느
· 国	guó	명 나라
· 人	rén	명 사람
· 哪国	nǎ guó	어느 나라
· 哪国人	nǎ guó rén	어느 나라 사람
· 吧	ba	조 문장 맨 끝에 쓰여, 가늠 · 추측 등의 어기를 나타냄
· 对	duì	형 맞다
· 这	zhè	대 이, 이것
· 的	de	조 ~의(관형어와 중심어의 관계가 종속 관계임을 나타낸다)
· 朋友	péngyou	명 친구
· 哪里	nǎ li	대 어디, 어느 곳
· 王	Wáng	고 왕씨
· 金	Jīn	고 김씨
· 中国	Zhōngguó	고 중국
· 韩国	Hánguó	고 한국
· 首尔	Shǒu'ěr	고 서울
· 上海	Shànghǎi	고 상하이
· 北京	Běijīng	고 북경

어법
语法 yǔfǎ

예문을 큰 소리로 따라 해보세요! Track 55

1 판단동사 是

판단을 나타내는 동사 '是'가 술어로 쓰인 문장으로 'A+是+B' 형식으로 사용된다. 중국어 기본 어순이 '주어+동사+목적어'이기 때문에 동사 '是'는 주어 뒤에 쓴다.

긍정문 A + 是 + B

我是中国人。	Wǒ shì Zhōngguó rén.
我是韩国人。	Wǒ shì Hánguó rén.
我是大学生。	Wǒ shì dàxué shēng.
我弟弟是高中生。	Wǒ dìdi shì gāozhōng shēng.

새단어

大学生 dàxué shēng 대학생 | 高中生 gāozhōng shēng 고등학생

부정문 A + 不是 + B

我不是中国人。	Wǒ bú shì Zhōngguó rén.
我不是韩国人。	Wǒ bú shì Hánguó rén.
我不是大学生。	Wǒ bú shì dàxué shēng.
我弟弟不是高中生。	Wǒ dìdi bú shì gāozhōng shēng.

주어 + 不是 + A, 是 + B

我不是中国人，是韩国人。
Wǒ bú shì Zhōngguó rén, shì Hánguó rén.

我不是韩国人，是中国人。
Wǒ bú shì Hánguó rén, shì Zhōngguó rén.

我不是大学生，是高中生。
Wǒ bú shì dàxué shēng, shì gāozhōng shēng.

我弟弟不是高中生，是初中生。
Wǒ dìdi bú shì gāozhōng shēng, shì chūzhōng shēng.

새단어

初中生	chūzhōng shēng	중학생

일반의문문 A + 是 + B + 吗？

你是中国人吗？	Nǐ shì Zhōngguó rén ma?
你是韩国人吗？	Nǐ shì Hánguó rén ma?
他是大学生吗？	Tā shì dàxué shēng ma?
你弟弟是高中生吗？	Nǐ dìdi shì gāozhōng shēng ma?

정반의문문 A + 是不是 + B?

你是不是中国人? Nǐ shì bu shì Zhōngguó rén?
你是不是韩国人? Nǐ shì bu shì Hánguó rén?
你是不是大学生? Nǐ shì bu shì dàxué shēng?
你弟弟是不是高中生? Nǐ dìdi shì bu shì gāozhōng shēng?

2 어기조사 吧

문장 맨 끝에 쓰여, 가늠 · 추측의 어기를 나타낸다. 우리말로 '~지요'를 뜻한다.

~ + 吧

你是中国人吧? Nǐ shì Zhōngguó rén ba?
你是留学生吧? Nǐ shì liúxué shēng ba?
你很忙吧? Nǐ hěn máng ba?
你很累吧? Nǐ hěn lèi ba?

새단어
留学生 liúxué shēng 유학생

3 구조 조사 的 (1)

명사나 명사구를 수식하면서 사람이나 사물의 성질이나 수량 등을 나타내는 문장성분은 '관형어'라고 한다. 이때 관형어의 수식을 받는 명사나 명사구를 '중심어'라고 한다. '的'는 관형어 뒤에 쓰여, 관형어와 중심어 사이가 종속 관계임을 나타내며, '~의'란 뜻이다. 관형어는 중국어에서 '한정어(定语 dìngyǔ)'라고 한다.

~ 的 + 명사/명사구

这是你的手机吗？	Zhè shì nǐ de shǒujī ma?
这是王芳的词典。	Zhè shì Wáng Fāng de cídiǎn.
我的汉语书很新。	Wǒ de Hànyǔ shū hěn xīn.
他的笔记本电脑很好看。	Tā de bǐjìběn diànnǎo hěn hǎokàn.

새단어

词典	cídiǎn	사전	笔记本电脑	bǐjìběn diànnǎo	노트북
新	xīn	새롭다, 새로운	好看	hǎokàn	예쁘다

※ '的'를 안 써도 되는 경우

관형어 뒤의 중심어가 가족 등의 인간관계 또는 소속 단체일 경우 '的'를 쓰지 않아도 되며 특별히 인간관계나 소속 관계를 강조하고 싶은 경우에는 '的'를 써도 된다.

我爸爸　我同事　我朋友　我们班　我们学校

这是我爸爸。	Zhè shì wǒ bàba.
这是我同事。	Zhè shì wǒ tóngshì.
他是我朋友。	Tā shì wǒ péngyou.
这就是我们学校。	Zhè jiù shì wǒmen xuéxiào.

새단어

同事	tóngshì	동료	班	bān	반
朋友	péngyou	친구			

연습(练习 liànxí)

중국어로 말해볼까요?(说汉语 shuō Hànyǔ)

답은 어법 부분에 있음

1

❶ 저는 중국 사람입니다.

❷ 저는 한국 사람입니다.

❸ 저는 대학생입니다.

❹ 저는 고등학생입니다.

2

❶ 저는 중국 사람이 아닙니다.

❷ 저는 한국 사람이 아닙니다.

❸ 저는 대학생이 아닙니다.

❹ 제 남동생은 고등학생이 아닙니다.

3

❶ 저는 중국 사람이 아니고 한국 사람입니다.

❷ 저는 한국 사람이 아니고 중국 사람입니다.

❸ 저는 대학생이 아니고 고등학생입니다.

❹ 제 남동생은 고등학생이 아니고 중학생입니다.

4 ❶ 당신은 중국 사람입니까?

❷ 당신은 한국 사람입니까?

❸ 그는 대학생입니까?

❹ 당신의 남동생은 고등학생입니까?

5 ❶ 당신은 중국 사람입니까 아닙니까?

❷ 당신은 한국 사람입니까 아닙니까?

❸ 당신은 대학생입니까 아닙니까?

❹ 당신의 남동생은 중학생입니까 아닙니까?

6 ❶ 중국 사람이 맞지요?

❷ 유학생이 맞지요?

❸ 바쁘지요?

❹ 힘들지요?

7 ❶ 이것은 당신 핸드폰이에요?

❷ 이것은 왕방씨의 사전이에요.

❸ 내 중국어 책은 아주 새 거예요.

❹ 그의 노트북이 아주 예뻐요.

8 ❶ 이 분은 우리 아빠입니다.

❷ 이 사람은 제 동료입니다.

❸ 그 사람은 제 친구예요.

❹ 여기는 바로 우리 학교입니다.

단어 테스트를 해 볼까요?(单词测验 dāncí cèyàn)

한자	병음	한국어	한자	병음	한국어
朋友			姓		
贵姓			中国		
名字			北京		
是			您贵姓		
的			哪国人		
对			吧		

마무리해볼까요?(复习课文 fùxí kèwén)

답은 본 과의 회화문임

병음을 보고 한자를 쓰세요.(看拼音写汉字 kàn pīnyīn xiě Hànzì)

회화 会话 huìhuà 01

Dàhán : Lǎoshī, nín guì xìng?

大韩 : ……

lǎoshī : Wǒ xìng Wáng.

老师 : ……

Dàhán : Wáng lǎoshī, nín hǎo!

大韩 : ……

lǎoshī : Nǐ hǎo! Nǐ jiào shénme míngzi?

老师 : ……

Dàhán : Wǒ jiào Jīn Dàhán.

大韩 : ....

회화 会话 huìhuà 02

Dàhán : Nǐ shì nǎ guó rén?

大韩 : ....

WángFāng : Wǒ shì Zhōngguó rén. Nǐ shì Hánguó rén ba?

王芳 : ....

Dàhán : Duì, wǒ shì Hánguó rén.

大韩 : ....

WángFāng : Tā shì……

王芳 : ....

Dàhán : Zhè shì wǒ de Zhōngguó péngyou Lǐ Wěi.

大韩 : ....

회화 会话 huìhuà 03

WángFāng : Nǐmen shì nǎ li rén?

王芳 : ....

Dàhán : Wǒ shì Shǒu'ěr rén, tā shì Fǔshān rén. Nǐmen ne?

大韩 : ....

WángFāng : Wǒ shì Shànghǎi rén.

王芳 : ....

Lǐ wěi : Wǒ shì Běijīng rén.

李伟 : ....

회화 연습 (对话练习 duìhuà liànxí)

1. 你叫什么名字?
2. 你是哪国人?
3. 他也是韩国人吧?
4. 你是哪里人?
5. 你今天很忙吧?
6. 你现在很饿吧?
7. 你妈妈姓什么?
8. 这是你的手机吗?
9. 他是你朋友吗?
10. 你是高中生吗?

중국문화 맛보기

	중국 성씨 순위			한국 성씨 순위		
1	王	왕	Wáng	金	김	Jīn
2	李	이	Lǐ	李	이	Piáo
3	张(張)	장	Zhāng	朴	박	Lǐ
4	刘(劉)	류	Liú	崔	최	Cuī
5	陈(陳)	진	Chén	郑(鄭)	정	Zhèng
6	杨(楊)	양	Yáng	姜	강	Jiāng
7	黄(黃)	황	Huáng	赵(趙)	조	Hán
8	孙(孫)	손	Sūn	尹	윤	Yǐn
9	周	주	Zhōu	张(張)	장	Zhāng
10	吴(吳)	오	Wú	林	임	Lín

	남자 이름에 많이 쓰이는 글자		여자 이름에 많이 쓰이는 글자	
1	伟	Wěi	芳	Fāng
2	强	Qiáng	秀英	Xiùyīng
3	磊	Lěi	娜	Nà
4	军	Jūn	敏	Mǐn
5	洋	Yáng	静	Jìng
6	勇	Yǒng	丽	Lì
7	杰	Jié	艳	Yàn
8	涛	Tāo	娟	Juān
9	明	Míng	秀兰	Xiùlán
10	超	Chāo	霞	Xiá

第七课 你家里有几口人?

Nǐ jiā li yǒu jǐ kǒu rén?

식구는 몇 명입니까?

학습포인트

学习重点 xuéxí zhòngdiǎn

Track 56

1 명사 술어문　2 多+형용사　3 几와 多少　4 양사

큰 소리로 읽으세요! (大声朗读 dàshēng lǎngdú)

1. 你家里有几口人?　Nǐ jiā li yǒu jǐ kǒu rén?
   식구는 몇 명입니까?
2. 家里都有什么人?　Jiā li dōu yǒu shénme rén?
   모두 누구누구 있어요?
3. 你今年多大?　Nǐ jīnnián duō dà?
   올해 몇 살입니까?
4. 你父母多大年纪?　Nǐ fùmǔ duō dà niánjì?
   부모님 연세가 어떻게 되세요?
5. 你父母做什么工作?
   Nǐ fùmǔ zuò shénme gōngzuò?
   부모님은 무슨 일을 하세요?
6. 你的手机号码是多少?
   Nǐ de shǒujī hàomǎ shì duōshao?
   당신의 휴대폰 번호는 몇 번입니까?

회화 01
会话 huìhuà

Track 57

Wáng Fāng: Nǐ jiā li yǒu jǐ kǒu rén?
王芳 : 你家里有几口人?

Dàhán : Wǒ jiā li yǒu liù kǒu rén.
大韩 : 我家里有六口人。

Wáng Fāng: Dōu yǒu shénme rén?
王芳 : 都[1]有什么人?

Dàhán : Bàba、māma、liǎng ge gēge、yí ge mèimei hé wǒ. Nǐ yǒu xiōngdì jiěmèi ma?
大韩 : 爸爸、妈妈、两[2]个哥哥、一个妹妹和我[3]。你有兄弟姐妹吗?

Wáng Fāng: Méiyǒu, wǒ shì dúshēngnǚ.
王芳 : 没有，我是独生女。

1. 여기서 '都'는 '都' 뒤의 의문대명사에 나타난 사람들을 총괄하여 나타낸다. '都'의 이 용법은 의문문에서 화자가 예상한 목적어에 적어도 둘 이상 있을 경우에 쓰인다. 답할 때 '都'을 쓰지 않은 점에 주의해야 한다.
   A : 你今天都去哪儿?
   B_1 : 我去学校、书店和电影院。
   B_2 : 我只去学校。 (只 zhǐ 단지, 오직)
2. '二'과 '两'은 모두 '둘'을 뜻하지만 양사 앞에서는 반드시 '两'으로 쓴다.
3. 자기 소개할 때 보통 '我'를 맨 마지막에 한다.

회화 会话 huìhuà 02

Track 58

Dàhán　　: Nǐ jīnnián duō dà?
大韩　　: 你今年多大④?

Wáng Fāng: Èr shí èr suì. Nǐ ne?
王芳　　: 二十二岁⑤。你呢?

Dàhán　　: Wǒ shí jiǔ.
大韩　　: 我十九。

Wáng Fāng: Nǐ fùmǔ duō dà niánjì?
王芳　　: 你父母多大年纪⑥?

Dàhán　　: Bàba wǔ shí wǔ, māma wǔ shí èr.
大韩　　: 爸爸五十五，妈妈五十二。

Wáng Fāng: Nǐ fùmǔ zuò shénme gōngzuò?
王芳　　: 你父母做什么工作?

Dàhán　　: Wǒ bàba shì yīshēng, wǒ māma bù gōngzuò.
大韩　　: 我爸爸是医生，我妈妈不工作。

④ '사람+多大'는 나이에 대해 묻는 표현이고, '사물+多大'는 사물의 크기에 대해 묻는 표현이다. 그리고 나이가 '몇 살이다'라고 표현할 때 동사 '是'를 쓰지 않고 '몇 살이 아니다'라고 표현할 때 반드시 '不是'라고 하는 점에 주의해야 한다.

⑤ 여기서 '岁'를 생략할 수 있지만, 열살 이하일 경우 생략할 수 없다.

我八岁。	我二十(岁)。
我十岁。	他三十二(岁)。

⑥ '연세가 어떻게 되세요?'는 '多大年纪'라고 한다.

회화 会话 huìhuà 03

Track 59

Wáng Fāng: Nǐ de shǒujī hàomǎ shì duōshao?
王芳　: 你的手机号码是多少?

Dàhán　: Yāo sān sān – líng yāo líng líng – sì yāo líng yāo. Nǐ de ne?
大韩　: 133-0100-4101[7]。你的呢?

Wáng Fāng: Yāo sān bā – líng yāo líng líng – bā bā bā bā.
王芳　: 138-0100-8888。

Dàhán　: Nǐ de Píngguǒ shǒujī zhēn piàoliang!
大韩　: 你的苹果手机真漂亮!

Wáng Fāng: Xièxie!
王芳　: 谢谢!

7 전화번호, 방 번호, 버스노선 번호 중의 '一'은 중국 대륙에서 '하나'를 뜻하는 '幺 yāo'의 발음을 빌려 'yāo'라고 읽는다.

한자만 보고 읽어볼까요?

회화 会话 huìhuà 01

王芳 ： 你家里/有/几口人?

大韩 ： 我家里/有/六口人。

王芳 ： 都有/什么人?

大韩 ： 爸爸、妈妈、两个/哥哥、一个妹妹/和我。
你有/兄弟姐妹吗?

王芳 ： 没有，我是/独生女。

회화 会话 huìhuà 02

大韩 ： 你/今年/多大?

王芳 ： 二十二岁。你呢?

大韩 ： 我/十九。

王芳 ： 你父母/多大年纪?

大韩 ： 爸爸/五十五，妈妈/五十二。

王芳 ： 你父母/做什么工作?

大韩 ： 我爸爸是/医生，我妈妈/不工作。

회화 会话 huìhuà 03

王芳 : 你的/手机号码/是/多少?

大韩 : 133-0100-4101。你的呢?

王芳 : 138-0100-8888。

大韩 : 你的/苹果手机/真漂亮!

王芳 : 谢谢!

스마트폰과 관련된 용어를 알아볼까요?

zhìnéng shǒujī 智能手机	스마트폰	Gǔgē Ānzhuó 谷歌安卓	구글 안드로이드
Píngguǒ shǒujī 苹果手机	아이폰	Sānxīng shǒujī 三星手机	삼성 휴대폰
Wēiruǎn 微软	마이크로소프트	Píngbǎn diànnǎo 平板电脑	태블릿PC
Nuòjīyà 诺基亚	노키아	Mótuōluólā 摩托罗拉	모토롤라
Hóngdá 宏达	HTC	lányá 蓝牙	블루투스
zhàoxiàngjī 照相机	카메라	Shǐdìfū · Qiáobùsī 史蒂夫 · 乔布斯	스티브 · 잡스

새로 나온 단어
生词 shēngcí

Track 60

· 家	jiā	명 집
· 里	li	방위사 안
· 家里	jiā li	집안
· 有	yǒu	동 소유하다,(~가/이) 있다
· 几	jǐ	대 몇
· 口	kǒu	양 식구(가족 수를 셀 때 쓰임)
· 几口人	jǐ kǒu rén	몇 식구
· 都	dōu	부 모두
· 爸爸	bàba	명 아빠
· 妈妈	māma	명 엄마
· 两	liǎng	수 2, 둘
· 个	ge	양 명, 개(사물이나 사람을 세는 단위)
· 哥哥	gēge	명 오빠, 형
· 一	yī	수 1, 하나
· 妹妹	mèimei	명 여동생
· 和	hé	접 ~와, 과, 하고
· 兄弟姐妹	xiōngdì jiěmèi	명 형제자매
· 没有	méiyǒu	동 없다, 가지고 있지 않다(소유의 부정을 나타냄)
· 独生女	dúshēngnǚ	명 외동딸
· 今年	jīnnián	명 올해
· 多	duō	부 얼마나(형용사 앞에 쓰여 크기, 나이, 길이 등을 물음) 형 많다
· 大	dà	형 크다, (나이가) 많다
· 多大	duō dà	(나이가) 얼마인가
· 岁	suì	양 살, 세(나이를 세는 단위)
· 父母	fùmǔ	명 부모
· 年纪	niánjì	명 나이, 연령
· 做	zuò	동 하다

·工作	gōngzuò	명 일, 업무
·医生	yīshēng	명 의사
·手机	shǒujī	명 휴대폰
·号码	hàomǎ	명 번호, 사이즈
·手机号码	shǒujī hàomǎ	휴대폰 번호
·多少	duōshao	대 얼마, 몇
·真	zhēn	부 정말로
·漂亮	piàoliang	형 예쁘다
·苹果	Píngguǒ	고 애플

터치 중국문화

'계획생육'(计划生育 Jìhuà shēngyù) 과 소황제(小皇帝xiǎo huángdì)

'산아제한(계획생육: 计划生育)', 즉 '농촌과 소속민족 등의 가정을 제외하고 한 가정에는 한 명의 자녀만 낳아라'라는 것은 중국의 인구문제로 인해 발생하는 많은 문제점들을 해결하기 위한 정책이다. 중국에서는 농촌을 제외하고 집집마다 아들이든 딸이든 한 자녀 밖에 둘 수 없다. 그래서 부모들은 아이들을 宝贝(bǎobèi 보배)라고 부른다. 이 귀염둥이들이 온갖 응석을 다 부린다. 조부모나 부모들이 이들을 황제처럼 받든다하여 '小皇帝(xiǎo huángdì)'라는 말이 생겨났다.

현재 중국의 한 가정에 두 자녀를 낳을 수 있다?

중국은 지역별로 사회와 인구의 발전 정도가 균형적이지 못하고, 발전 시기의 차이에 따른 인구 문제의 격차가 크다. 현재 독신자녀 원칙을 제정하고 있지만 모든 가정이 한 자녀를 출산해야 한다는 것은 아니다. 어떤 상황에서 두 자녀 심지어 두 자녀 이상을 가질 수 있는가 하는 것은 각 성, 자치구, 직할시의 인구 및 계획출산 조례에 모두 명확히 규정되어 있다. 북경시의 경우 둘째 자녀 출산을 허용하는 9가지 규정이 있다. 때문에 부부가 둘째 자녀를 낳으려 할 경우 주민 소재 지역, 소재 성의 관련조건 등을 봐야 한다.

어법
语法 yǔfǎ

예문을 큰 소리로 따라 해보세요! Track 61

1 동사 有

동사 '有'는 소유와 존재를 의미한다. 여기서는 소유를 나타내는 '有'의 용법을 소개한다. '有'의 부정 형식은 '不有'가 아니고 '没有'이다.

긍정형 주어 + 有 + ~

我有朋友。	Wǒ yǒu péngyou.
我有兄弟姐妹。	Wǒ yǒu xiōngdì jiěmèi.
我有纸质词典。	wǒ yǒu zhǐzhì cídiǎn.
他有电子书。	Tā yǒu diànzǐ shū.

부정형 주어 + 没有 + ~

我没有朋友。	Wǒ méiyǒu péngyou.
我没有兄弟姐妹。	Wǒ méiyǒu xiōngdì jiěmèi.
我没有纸质词典。	wǒ méiyǒu zhǐzhì cídiǎn.
他没有电子书。	Tā méiyǒu diànzǐ shū.

새단어

纸质	zhǐzhì	종이 재질의~	电子	diànzǐ	전자
词典	cídiǎn	사전			

2 명사 술어문

명사, 명사구, 수량사 등이 술어의 주요 성분으로 쓰인 문장을 '명사술어문'이라고 한다. 주로 시간, 나이, 출신, 금액 등을 표현할 때 쓴다. 주의해야 할 것은 우리말과 달리 긍정문에서 일반적으로 '是(~이다)'를 쓰지 않다는 것이다. 하지만 부정문에서는 우리말과 같이 '不是(~아니다)'를 반드시 써야 한다. 그리고 시간과 금액 등을 표현할 때 긍정문에서 일반적으로 '是'를 쓰지 않지만, 써도 틀린 표현은 아니며, 나이를 표현할 때 '是'를 쓰면 어색하다는 점에도 주의해야 한다.

긍정형 주어 + 술어 (명사성 성분)

现在两点。 Xiànzài liǎng diǎn.

今天五号。 Jīntiān wǔ hào.

我今年二十岁。 Wǒ jīnnián èr shí suì.

我北京人，他上海人。 Wǒ Běijīng rén, tā Shànghǎi rén.

부정형 주어 + 不是 + 술어 (명사성 성분)

现在不是两点。 Xiànzài bú shì liǎng diǎn.

今天不是五号。 Jīntiān bú shì wǔ hào.

我今年不是二十岁。 Wǒ jīnnián bú shì èrshí suì.

我不是北京人，他也不是上海人。
Wǒ bú shì Běijīng rén，tā yě bú shì Shànghǎi rén.

새단어

现在	xiànzài	현재, 지금	点	diǎn	시

3 多+형용사

형용사 앞에서 '多'를 붙여 '나이, 높이, 무게, 깊이' 등을 물을 수 있다. '얼마나~되냐?'라는 뜻이다.

주어 + 多 + 형용사 ?

他多大?	Tā duō dà?
他多高?	Tā duō gāo?
他多重?	Tā duō zhòng?
水多深?	Shuǐ duō shēn?

새단어

高	gāo	(키가) 크다, 높다	深	shēn	깊다
重	zhòng	무겁다			

4 의문을 나타내는 수사 几

한국어의 '몇, 얼마'는 중국어로 '几'나 '多少'라고 한다. '几'는 일반적으로 수가 10 이하인 것으로 예상할 때 쓰는데 날짜를 물을 때 수의 크기와 상관없이 관용적으로 쓴다. '几'의 뒤에 반드시 양사를 써야 한다.

jǐ yuè 几月 몇 월	jǐ hào 几号 며칠	jǐ diǎn 几点 몇 시
jǐ tiān 几天 며칠(동안)	jǐ nián 几年 몇 해	xīngqī jǐ 星期几 무슨 요일

今天几号? Jīntiān jǐ hào? → 今天__________。

明天几号? Míngtiān jǐ hào? → 明天__________。

现在几点? Xiànzài jǐ diǎn? → 现在__________。

今天星期几? Jīntiān xīngqī jǐ? → 今天__________。

5 의문을 나타내는 대명사 多少

수가 10 이상인 것으로 일반적으로 '多少'라고 묻는다. 이 때 '多少' 뒤에 양사를 써도 되고 안 써도 된다. '번호가 몇 번이냐'라고 물을 때도 '多少'를 쓴다.

你们学校有多少个学生?
Nǐmen xuéxiào yǒu duōshao ge xuésheng?

→ 我们学校大概有 ____________________个学生。

你一个月大概花多少钱?
Nǐ yí ge yuè dàgài huā duōshao qián?

→ 我一个月大概花 ____________________块。

你的手机号码是多少?
Nǐ de shǒujī hàomǎ shì duōshao?

→ 我的手机号码是 ____________________。

你的电话号码是多少?
Nǐ de diànhuà hàomǎ shì duōshao?

→ 我的电话号码是 __________。

새단어

学生	xuésheng	학생	花	huā	(돈, 시간등)쓰다
大概	dàgài	대개는	电话	diànhuà	전화
一个月	yí ge yuè	한 달			

6 번호 읽기

❶ 응급 전화 번호('一'는 'yāo'라고 읽는다)

110 yāo yāo líng	112 yāo yāo èr	119 yāo yāo jiǔ

❷ 노선 번호/방 번호('一'는 'yāo'라고 읽는다)

번호가 두 자릿수인 경우에는 숫자 읽는 것처럼 읽는다.
번호가 세 자릿수 이상인 경우에는 숫자 하나씩 읽는다.

버스 노선		
12路 十二路 shí'èr lù	710路 七幺零路 qī yāo líng lù	1200路 幺二零零路 yāo èr líng líng lù

방 번호 등		
12号 十二号 shí'èr hào	710号 七幺零号 qī yāo líng hào	1200号 幺二零零号 yāo èr líng líng hào

❸ 전화 번호('一'는 'yāo'라고 읽는다)

숫자처럼 읽는데 '一'는 'yāo'라고 읽는다.

02-970-1108 líng èr-jiǔ qī líng-yāo yāo líng bā
010-4251-3689 líng yāo líng-sì èr wǔ yāo-sān liù bā jiǔ
011-2311-8845 líng yāo yāo-èr sān yāo yāo-bā bā sì wǔ

7 양사(量词 Liàngcí)

중국어 특징 중의 하나는 숫자와 명사 사이에 무조건 양사(분류사)를 사용해야 한다는 것이다. 양사는 '책 한 권'의 '권'과 같이 명사를 세는 단위다. '二'과 '两'은 모두 '둘'을 뜻하지만 양사 앞에서는 반드시 '两'으로 쓴다. 하지만 '10'를 넘는 '12', '22' 등이 양사 앞에 오면, '二'을 쓰고 'èr'이라고 읽는다. 주의해야 할 것은 지시 대명사 '这', '那', '哪' 뒤의 수사 '一'는 구어체에서 생략될 수 있지만 양사는 일반적으로 쓴다. 이 때 '这', '那', '哪'의 발음은 '—yi'와의 합음으로 각각'zhèi', 'nèi', 'něi'로 발음한다.

个 (ge)	本 (běn)	张 (zhāng)
사용범위가 가장 넓으며 다른 양사 대신에 많이 사용된다. 사람, 물건, 단체 등의 명사 앞에 쓰임.	주로 서적류의 명사 앞에 쓰임.	주로 평평한 물건에 쓰임.
liǎng ge rén 两个人 liǎng ge miànbāo 两个面包 liǎng ge lǐwù 两个礼物 liǎng ge bān 两个班	liǎng běn shū 两本书 liǎng běn zázhì 两本杂志 liǎng běn cídiǎn 两本词典 liǎng běn xiǎoshuō 两本小说	liǎng zhāng zhǐ 两张纸 liǎng zhāng piào 两张票 liǎng zhāng zhuōzi 两张桌子 liǎng zhāng chuáng 两张床
zhè ge rén 这个人 zhè ge miànbāo 这个面包 zhè ge lǐwù 这个礼物 zhè ge bān 这个班	nà běn shū 那本书 nà běn zázhì 那本杂志 nà běn cídiǎn 那本词典 nà běn xiǎoshuō 那本小说	nǎ zhāng zhǐ 哪张纸 nǎ zhāng piào 哪张票 nǎ zhāng zhuōzi 哪张桌子 nǎ zhāng chuáng 哪张床

새단어

面包	miànbāo	빵	纸	zhǐ	종이
礼物	lǐwù	선물	票	piào	표
杂志	zázhì	잡지	桌子	zhuōzi	탁자
小说	xiǎoshuō	소설	床	chuáng	침대

연습(练习 liànxí)

중국어로 말해볼까요?(说汉语 shuō Hànyǔ)

답은 어법 부분에 있음

1
❶ 나는 친구가 있어요.

❷ 나는 형제자매가 있어요.

❸ 나는 종이 사전이 있어요.

❹ 그는 전자사전이 있어요.

2
❶ 나는 친구가 없어요.

❷ 나는 형제자매가 없어요.

❸ 나는 종이 사전이 없어요.

❹ 그는 전자사전이 없어요.

3
❶ 지금은 두 시예요.

❷ 오늘은 5일이에요.

❸ 저는 올해 스무 살이에요.

❹ 저는 북경 사람이에요.

4 ❶ 지금은 두 시가 아니에요.

❷ 오늘은 5일이 아니에요.

❸ 저는 올해 스무 살이 아니에요.

❹ 저는 북경 사람이 아니고 그 사람도 상해 사람이 아니에요.

5 ❶ 그는 나이가 어떻게 돼요?

❷ 그는 키가 얼마예요?

❸ 물이 얼마나 깊어요?

❹ 사과가 얼마나 커요?

6 ❶ 너희들 학교에 학생이 몇 명이나 되니?

....

❷ 너는 한달에 돈을 대략 얼마나 쓰니?

....

❸ 너의 핸드폰 번호가 몇 번이니?

....

❹ 너의 전화번호는 몇 번이니?

....

7 ❶ 오늘은 며칠이에요?

....

❷ 내일은 며칠이에요?

....

❸ 지금은 몇 시예요?

....

❹ 오늘 무슨 요일이에요?

....

8 **실제 상황에 따라 대답하세요.**

❶ 今天 .... 号。

❶ 明天 .... 号。

❶ 现在 .... 点。

❶ 今天星期 .... 。

단어 테스트를 해 볼까요?(单词测验 dāncí cèyàn)

한자	병음	한국어	한자	병음	한국어
爸爸			没有		
妈妈			多少		
哥哥			都		
妹妹			家		
兄弟姐妹			手机		
独生女			漂亮		
几岁			医生		
多大			和		
做			里		
有			今年		
两个			苹果		
一个			几口人		
真			工作		
多大年纪					

마무리해볼까요?(复习课文 fùxí kèwén)

답은 본 과의 회화문임

병음을 보고 한자를 쓰세요.(看拼音写汉字 kàn pīnyīn xiě Hànzì)

회화 会话 huìhuà 01

Wáng Fāng: Nǐ jiā li yǒu jǐ kǒu rén?

王芳 : ....

Dàhán : Wǒ jiā li yǒu liù kǒu rén.

大韩 : ....

Wáng Fāng: Dōu yǒu shénme rén?

王芳 : ....

Dàhán : Bàba、māma、liǎng ge gēge、yí ge mèimei hé wǒ. Nǐ yǒu xiōngdì jiěmèi ma?

大韩 : ....

Wáng Fāng: Méiyǒu, wǒ shì dúshēngnǚ.

王芳 : ....

회화 会话 huìhuà 02

Dàhán : Nǐ jīnnián duō dà?

大韩 : ....

Wáng Fāng: Èr shí èr suì. Nǐ ne?

王芳 : ....

Dàhán : Wǒ shí jiǔ.

大韩 : ....

Wáng Fāng: Nǐ fùmǔ duō dà niánjì?

王芳 : ....

Dàhán : Bàba wǔ shí wǔ, māma wǔ shí èr.

大韩 : ....

Wáng Fāng: Nǐ fùmǔ zuò shénme gōngzuò?

王芳 : ....

Dàhán : Wǒ bàba shì yīshēng, wǒ māma bù gōngzuò.

大韩 : ....

회화 会话 huìhuà 03

Wáng Fāng: Nǐ de shǒujī hàomǎ shì duōshao?

王芳 : ....

Dàhán : Yāo sān sān - líng yāo líng líng - sì yāo líng yāo. Nǐ de ne?

大韩 : ....

Wáng Fāng: Yāo sān bā - líng yāo líng líng - bā bā bā bā.

王芳 : ....

Dàhán : Nǐ de Píngguǒ shǒujī zhēn piàoliang!

大韩 : ....

Wáng Fāng: Xièxie!

王芳 : ....

회화 연습 (对话练习 duìhuà liànxí)

1. 你家里有几口人?
2. 你有兄弟姐妹吗?
3. 你今年多大?
4. 你父母多大年纪?
5. 你的手机号码是多少?

아래 사진을 자기의 가족 사진을 떠올려서 중국어로 소개해 주세요.

(看照片向其他同学介绍你的家人)

我家有~， 这是~， 他今年~，他的手机号码是~

자기 소개를 해보세요. (做一下自我介绍)

중국어 숫자 맛보기

중국어 숫자 표현을 알아볼까요?

1	2	3	4	5
一	二	三	四	五
yī	èr	sān	sì	wǔ
6	7	8	9	10
六	七	八	九	十
liù	qī	bā	jiǔ	shí
11	12	……	19	20
十一	十二		十九	二十
shíyī	shí'èr		shíjiǔ	èrshí
30	40	……	80	90
三十	四十		八十	九十
sānshí	sìshí		bāshí	jiǔshí

100	1000	일 만	일 억
一百	一千	一万	一亿
yìbǎi	yìqiān	yíwàn	yíyì

第八课

Nǐ jǐ diǎn yǒu kè?

你几点有课?

당신은 몇 시에 수업이 있나요?

학습포인트
学习重点 xuéxí zhòngdiǎn

Track 62

1 시각 읽기 2 년-월-일-요일 읽기 3 전치사 在 4 A请 B ~

큰 소리로 읽으세요! (大声朗读 dàshēng lǎngdú)

1. 今天星期几? Jīntiān xīngqī jǐ?
   오늘 무슨 요일이에요?
2. 我每天都有课。 wǒ měitiān dōu yǒu kè.
   나는 매일 수업이 있어요.
3. 你的生日是几月几号? Nǐ de shēngrì shì jǐ yuè jǐ hào?
   너의 생일은 몇 월 며칠이니?
4. 今天就是我的生日。 Jīntiān jiù shì wǒ de shēngrì.
   오늘이 내 생일이야.
5. 我今晚在萨拉伯尔办生日聚会，请你来参加。
   Wǒ jīn wǎn zài Sàlābó'ěr bàn shēngrì jùhuì, qǐng nǐ lái cānjiā.
   나는 오늘 저녁에 서라벌에서 생일 파티를 열어요. 초대할게요.
6. 好的，我一定去。 Hǎo de, wǒ yídìng qù.
   좋아요. 꼭 갈게요.

회화 会话 huìhuà 01

Track 63

Lǐ wěi : Jīntiān jǐ yuè jǐ hào?
李伟 : 今天几月几号?

Wáng Fāng: Èr yuè èr hào.
王芳 : 二月二号。

Lǐ wěi : Jīntiān xīngqī jǐ?
李伟 : 今天星期几?

Wáng Fāng: Xīngqī èr.
王芳 : 星期二。

Lǐ wěi : Xiànzài jǐ diǎn?
李伟 : 现在几点?

Wáng Fāng: Liǎng diǎn yí kè.
王芳 : 两点一刻[1]。

❶ 一刻 = 15분 三刻 = 45분
주의해야 할 것은 '两刻'라는 말이 없다는 것이다.

회화 会话 huìhuà 02

Track 64

Lǐ wěi : Nǐ jīntiān méiyǒu kè ma?

李伟 : 你今天没有课吗?

Wáng Fāng: Nǎr a. Wǒ měitiān dōu yǒu kè.

王芳 : 哪儿啊❷。我每天都❸有课。

Lǐ wěi : Nǐ jīntiān jǐ diǎn yǒu kè?

李伟 : 你今天几点有课?

Wáng Fāng: Xiàwǔ liǎng diǎn bàn. Nǐ xīngqī jǐ yǒu kè?

王芳 : 下午两点半❹。你星期几有课?

Lǐ wěi : Wǒ xīngqī yī、sān、wǔ yǒu kè, xīngqī èr、sì méi kè.

李伟 : 我星期一、三、五有课，星期二、四没❺课。

❷ '哪儿啊'는 여기서 '전혀 그렇지 않음'을 나타낸다. 칭찬을 받았을 때 겸손을 나타내는 표현으로 '천만에요'라는 뜻을 나타내기도 한다.

❸ 여기서 '都'는 '都' 앞의 사람이나 사물 등을 하나도 빠짐없이 모두 다 총괄함을 나타낸다.

❹ '2'가 '点'앞에 단독으로 쓰일 때는 '二'이 아닌 '两'을 쓴다. 2:45은 3가지 표현이 있다.

两点四十五分 两点三刻 差一刻三点 (差chà 부족하다, 모자라다.)

❺ 일반적으로 '没(有)'는 '有' 를 생략해서 사용하지만 단독으로 사용할 때 생략하지 않는다.

A: 你有女朋友吗?

B: 没有。 B: 没。

회화 会话 huìhuà 03

Track 65

Lǐ wěi : Nǐ de shēngrì shì jǐ yuè jǐ hào?
李伟 : 你的生日是几月几号⑥?

Wáng Fāng: Wǒ de shēngrì shì wǔ yuè bā hào. Nǐ de shēngrì ne?
王芳 : 我的生日是五月八号。你的生日呢?

Lǐ wěi : Jīntiān jiù shì wǒ de shēngrì.
李伟 : 今天就是我的生日。

Wáng Fāng: Zhēn de? Shēngrì kuàilè!
王芳 : 真的⑦? 生日快乐⑧!

Lǐ wěi : Xièxie! Wǒ jīn wǎn zài Sàlābó'ěr bàn shēngrì jùhuì, qǐng nǐ lái cānjiā.
李伟 : 谢谢! 我今晚在萨拉伯尔办生日聚会, 请你来参加。

Wáng Fāng: Hǎo de, wǒ yídìng qù.
王芳 : 好的⑨, 我一定去。

⑥ '号'는 주로 구어에서 쓰이고 '日rì'는 문어체에서 쓰인다.

⑦ '真的?'에는 의문사 '吗'도 없고 의문대명사도 없지만 의문의 어감을 나타내는 것은, '의외로'의 어감을 표현하기 때문이다.

⑧ '生日快乐'는 친구 사이나 위 사람이 아래 사람에게 생일 축하할 때 쓰는 표현이고 아래 사람이 위 어른에게 생일 축하할 때나 정중하게 표현할 경우에 '祝你生日快乐'라고 한다.

⑨ '好的'과 '好'는 모두 상대의 말에 동의하여 '좋다'라는 의미지만 '好的'는 '好'보다 더 부드러운 어감을 나타낸다.

한자만 보고 읽어볼까요?

회화 会话 huìhuà 01

李伟 : 今天/几月/几号?

王芳 : 二月/二号。

李伟 : 今天/星期几?

王芳 : 星期二。

李伟 : 现在/几点?

王芳 : 两点一刻。

회화 会话 huìhuà 02

李伟 : 你/今天/没有课吗?

王芳 : 哪儿啊。我/每天/都有课。

李伟 : 你/今天/几点/有课?

王芳 : 下午两点半。你/星期几/有课?

李伟 : 我/星期/一、三、五/有课，星期/二、四/没课。

회화 会话 huìhuà 03

李伟 ：你的生日/是/几月几号?

王芳 ：我的生日/是/五月八号。你的生日呢?

李伟 ：今天/就是/我的生日。

王芳 ：真的? 生日快乐!

李伟 ：谢谢! 我/今晚/在萨拉伯尔/办/生日聚会，请你/来参加。

王芳 ：好的，我/一定去。

祝你生日快乐歌
Zhù nǐ shēngrì kuàilè gē

Track 66

祝你生日快乐，	祝你生日快乐，
Zhù nǐ shēngrì kuàilè,	Zhù nǐ shēngrì kuàilè,
祝你生日快乐，	祝你生日快乐。
Zhù nǐ shēngrì kuàilè,	Zhù nǐ shēngrì kuàilè.

새로 나온 단어
生词 shēngcí

Track 67

· 今天	jīntiān	명 오늘
· 月	yuè	명 월, 달
· 号	hào	명 일(날짜)
· 几月几号	jǐ yuè jǐ hào	몇 월 며칠
· 星期	xīngqī	명 요일
· 星期几	xīngqī jǐ	무슨 요일
· 现在	xiànzài	명 지금, 현재, 이제
· 点	diǎn	양 시(시간)
· 两点	liǎng diǎn	두 시
· 刻	kè	양 15분
· 课	kè	명 수업
· 每天	měitiān	명 매일
· 下午	xiàwǔ	명 오후
· 半	bàn	수 2분의 1, 절반
· 两点半	liǎng diǎn bàn	두 시 반
· 生日	shēngrì	명 생일
· 真的	zhēnde	정말이다
· 快乐	kuàilè	형 즐겁다
· 今晚	jīn wǎn	명 오늘 저녁, 오늘 밤
· 在	zài	개 ~에서(행위나 동작이 이루어지는 장소를 나타냄)
· 办	bàn	동 행하다, 개최하다, (일 단위를)처리하다
· 聚会	jùhuì	명 파티, 모임
· 办生日聚会	bàn shēngrì jùhuì	생일 파티를 열다
· 请	qǐng	동 (식사나 파티 따위에) 초대하다, 한턱내다
· 来	lái	동 오다
· 参加	cānjiā	동 (어떤 모임이나 일에) 참석하다, 참가하다, 참여하다
· 一定	yídìng	부 반드시, 필히, 꼭
· 萨拉伯尔	Sàlābó'ěr	고 서라벌(북경에 있는 한국식당)

어법
语法 yǔfǎ

예문을 큰 소리로 따라 해보세요! Track 68

1 시각읽기

点	分	半(30分)	刻(15分)	差
2:00 两点	2:05 两点零五(分)	2:30 两点半	2:15 两点一刻	2:45 差一刻三点
6:00 六点	2:10 两点十分	6:30 六点半	3:15 三点一刻	2:55 差五分三点
12:00 十二点	2:30 两点三十(分)	8:30 八点半	2:45 两点三刻	8:50 差十分九点
15:00 十五点	8:40 八点四十(分)	12:30 十二点半	8:45 八点三刻	11:50 差十分十二点
20:00 二十点	12:45 十二点四十五(分)	17:30 十七点半	12:45 十二点三刻	12:55 差五分一点

'20:00'를 '二十点'이라고 한 것은 비교적 정식적 표현이고 일반적으로 구어체에서 '晚上八点'이라고 한다. 마찬가지로 '17:30'를 '十七点半'이라고 한 것은 비교적 정식적 표현이고 일반적으로 구어체에서 '下午五点半'이라고 한다.

2 년-월-일-요일 읽기

❶ 년(年 nián)

1998年	yī jiǔ jiǔ bā nián / jiǔ bā nián
2000年	èr líng líng líng nián / líng líng nián
2002年	èr líng líng èr nián / líng'èr nián
2012年	èr líng yī èr nián / yī'èr nián

❷ 월(月 yuè)

一月	二月	三月	四月	五月	六月
yī yuè	èr yuè	sān yuè	sì yuè	wǔ yuè	liù yuè

七月	八月	九月	十月	十一月	十二月
qī yuè	bā yuè	jiǔ yuè	shí yuè	shí yī yuè	shí'èr yuè

❸ 일(号 hào-/日 rì)

一号	二号	三号	四号	五号
yī hào	èr hào	sān hào	sì hào	wǔ hào
六号	七号	八号	九号	十号
liù hào	qī hào	bā hào	jiǔ hào	shí hào

十一号	十八号	十九号	二十号
shí yī hào	shí bā hào	shí jiǔ hào	èr shí hào
二十一	二十九号	三十号	三十一号
èr shí yī hào	èr shí jiǔ hào	sān shí hào	sān shí yī hào

❹ 요일(星期 xīngqī)

星期一	星期二	星期三	星期四	星期五	星期六	星期天(日)[1]
xīngqī yī	xīngqī èr	xīngqī sān	xīngqī sì	xīngqī wǔ	xīngqī liù	xīngqī tiān (rì)

礼拜一	礼拜二	礼拜三	礼拜四	礼拜五	礼拜六	礼拜天(日)
lǐbài yī	lǐbài èr	lǐbài sān	lǐbài sì	lǐbài wǔ	lǐbài liù	lǐbài tiān

❶ '星期天'는 구어체 표현이고 '星期日'는 문어체 표현이다.

周一	周二	周三	周四	周五	周六	周日
zhōu yī	zhōu èr	zhōu sān	zhōu sì	zhōu wǔ	zhōu liù	zhōu rì

shàng ge xīngqī 上个星期 지난 주	shàng ge yuè 上个月 지난 달	qùnián 去年 작년
zhè ge xīngqī 这个星期 이번 주	zhè ge yuè 这个月 이번 달	jīnnián 今年 올해
xià ge xīngqī 下个星期 다음 주	xià ge yuè 下个月 다음 달	míngnián 明年 내년

3 每天都~

'每天+都'는 '하루도 빠짐없이~'를 뜻한다.

(주어)+ 每天 + 都 + 술어

我每天都很忙。	Wǒ měitiān dōu hěn máng.
我每天都很高兴。	Wǒ měitiān dōu hěn gāoxìng.
他每天都学汉语。	Tā měitiān dōu xué Hànyǔ.
每天都有作业。	Měitiān dōu yǒu zuòyè.

새단어

高兴	gāoxìng	기쁘다, 기분이 좋다	作业	zuòyè	숙제

4 전치사 在

'在'는 뒤의 장소 명사와 함께 전치사 구조를 이뤄 그 뒤의 동사를 수식한다. 전치사는 중국어에서 '개사(介词 jiècí)'라고 한다.

주어 + 在 + 장소 + 동사구

我在家看电视。	Wǒ zài jiā kàn diànshì.
我在学校学汉语。	Wǒ zài xuéxiào xué Hànyǔ.
爸爸在公司工作。	Bàba zài gōngsī gōngzuò.
他在我这儿听音乐。	Tā zài wǒ zhèr tīng yīnyuè.

새단어

电视	diànshì	텔레비전	工作	gōngzuò	일, 일하다
公司	gōngsī	회사	音乐	yīnyuè	음악

5 A 请 B + 동사구

동사 '请'은 여러 의미가 있는데 본 과에서 '(식사나 파티 따위에) 초대하다'라는 뜻을 나타낸다.

A + 请 + B + 동사구

我请你参加我的婚礼。
Wǒ qǐng nǐ cānjiā wǒ de hūnlǐ.

我请朋友吃饭。
Wǒ qǐng péngyǒu chīfàn.

中国朋友请我吃北京烤鸭。
Zhōngguó péngyou qǐng wǒ chī Běijīng kǎoyā.

大韩请王芳看电影《圣殇》。
DàHán qǐng Wáng Fāng kàn diànyǐng 《Shèngshāng》.

새단어

婚礼	hūnlǐ	결혼식	《圣殇》	Shèngshāng	(영화)피에타
北京烤鸭	Běijīng kǎoyā	북경오리구이			

터치 중국어

星期

중국 고대에는 일찍이 '칠요(七曜)'라는 말로 '日, 月, 火, 水, 木, 金, 土'라는 일곱 행성을 가리켰다. 일본에서 처음으로 '七曜'를 지금의 '요일(曜日)'이라는 의미로 표현하였다. 한국어의 '요일'도 일본어에서 빌려온것이다. '星期'는 중국에서 원래 견우성과 직녀성이 서로 만나는 주기를 가리키는 말로서 '요일'이라는 의미로 사용하기 시작한 것은 19세기 말이다. 또한 1820년대 기독교 선교사들에 의해 '礼拜(예배)'가 '요일'을 뜻하는 단어로도 사용되었다.

七曜	日曜日	月曜日	火曜日	水曜日	木曜日	金曜日	土曜日
라틴어 요일	dies solis	dies lunae	dies Martis	dies Mercurii	dies Jovis	dies Veneris	dies Saturni
행성	太阳 Sun	月亮 Moon	火星 Mars	水星 Mercury	木星 Jupiter	金星 Venus	土星 Saturn
星期	星期日(天)	星期一	星期二	星期三	星期四	星期五	星期六

연습(练习 liànxí)

중국어로 말해볼까요?(说汉语 shuō Hànyǔ)

답은 어법 부분에 있음

1

❶ 시각 읽기 2:00 2:45 12:00 12:45 17:30

❷ 년 읽기 1990년 1998년 2000년 2012년 2013년

❸ 월 읽기 1월 2월 8월 10월 12월

❹ 일 읽기 1일 2일 12일 22일 31일

❺ 요일 읽기 월요일 ~ 일요일

❻ 지난주 이번주 다음주

지난달 이번달 다음달

2

❶ 나는 매일 바쁩니다.

❷ 나는 매일 기분이 좋습니다.

❸ 그 사람은 매일 중국어를 배웁니다.

④ 매일 숙제가 있습니다.

3 ① 나는 집에서 TV를 봐요.

② 나는 학교에서 중국어를 배워요.

③ 아버지는 회사에서 일하세요.

④ 그는 내가 있는 이 곳에서 음악을 들어요.

4 ① 나는 당신한테 내 결혼식에 참석하시라고 초청했어요.

② 나는 친구한테 밥 사줘요.

③ 중국 친구가 나한테 북경오리구이를 사줘요.

④ 대한씨가 왕방씨한테 영화《피에타》를 같이 보자고 초청했어요.

단어 테스트를 해 볼까요? (单词测验 dāncí cèyàn)

한자	병음	한국어	한자	병음	한국어
点			办		
刻			今晚		
半			现在		
星期			几月几号		
月			星期几		
号			两点半		
参加			办生日聚会		

마무리해볼까요?(复习课文 fùxí kèwén)

답은 본 과의 회화문임

병음을 보고 한자를 쓰세요.(看拼音写汉字 kàn pīnyīn xiě Hànzì)

회화 会话 huìhuà 01

Lǐ wěi : Jīntiān jǐ yuè jǐ hào?

李伟 : ....

Wáng Fāng : Èr yuè èr hào.

王芳 : ....

Lǐ wěi : Jīntiān xīngqī jǐ?

李伟 : ....

Wáng Fāng : Xīngqī'èr.

王芳 : ....

Lǐ wěi : Xiànzài jǐ diǎn?

李伟 : ....

Wáng Fāng : Liǎng diǎn yí kè.

王芳 : ....

회화 会话 huìhuà 02

Lǐ wěi : Nǐ jīntiān méiyǒu kè ma?

李伟 : ....

Wáng Fāng : Nǎr a. Wǒ měitiān dōu yǒu kè.

王芳 : ....

Lǐ wěi : Nǐ jīntiān jǐ diǎn yǒu kè?

李伟 : ....

Wáng Fāng : Xiàwǔ liǎng diǎn bàn. Nǐ xīngqī jǐ yǒu kè?

王芳 : ....

Lǐ wěi : Wǒ xīngqī yī、sān、wǔ yǒu kè, xīngqī èr、sì méi kè.

李伟 : ....

회화 会话 huìhuà 03

Lǐ wěi : Nǐ de shēngrì shì jǐ yuè jǐ hào?

李伟 : ....

Wáng Fāng : Wǒ de shēngrì shì wǔ yuè bā hào.
Nǐ de shēngrì ne?

王芳 : ....

Lǐ wěi : Jīntiān jiù shì wǒ de shēngrì.

李伟 : ....

Wáng Fāng : Zhēn de? Shēngrì kuàilè!

王芳 : ....

Lǐ wěi : Xièxie! Wǒ jīn wǎn zài Sàlābó'ěr bàn shēngrì jùhuì, qǐng nǐ lái cānjiā.

李伟 : ....

Wáng Fāng : Hǎo de, wǒ yídìng qù.

王芳 : ....

회화 연습 (对话练习 duìhuà liànxí)

1 今天几月几号?

2 今天星期几?

3 现在几点?

4 你星期几有课?

5 你的生日是几月几号?

6 你过生日的时候办生日聚会吗?

过生日	guò shēngrì	생일을 맞이하다

상황 설정 회화 (场景对话)

내일은 나의 생일입니다. 친구들을 초청해서 생일 파티를 하고자 하는 상황을 설정하여 대화를 해 보세요.

明天是~， 我在~， 办~， 请~， 你一定~

课程表 kèchéngbiǎo 수업 시간표				
必修课 bìxiū kè 필수 과목				
上午	9:00~ 10:15	会话	huìhuà	회화
	10:30 ~ 11:45	语法	yǔfǎ	어법
午休时间 wǔxiū shíjiān 점심 시간				
下午	13:30 ~ 14:45	听力	tīnglì	듣기
	15:00 ~ 16:15	阅读	yuèdú	독해
	16:30 ~ 17:45	汉字	Hànzì	한자
选修课 xuǎnxiū kè 교양 과목				
晚上	18:00 ~ 19:15	中国经济	Zhōngguó jīngjì	중국 경제
	19:30 ~ 20:45	中国历史	Zhōnguó lìshǐ	중국 역사

第九课 今天我请客。

Jīntiān wǒ qǐngkè.

오늘은 제가 사겠습니다.

학습포인트
学习重点 xuéxí zhòngdiǎn

Track 69

1 위안화 읽기 2 연동문 3 조동사 要 4 이중목적어문

큰 소리로 읽으세요! (大声朗读 dàshēng lǎngdú)

① 我喝美式咖啡。 Wǒ hē Měishì kāfēi.
난 아메리카노 마실래요.

② 我们去喝杯咖啡，怎么样？
Wǒmen qù hē bēi kāfēi，zěnmeyàng?
우리 커피 한 잔 마시러 가요. 어때요?

③ 去哪家咖啡馆好呢？ Qù nǎ jiā Kāfēiguǎn hǎo ne?
어느 커피숍에 갈까요?

④ 你要吃什么？ Nǐ yào chī shénme?
뭘 먹을래요?

⑤ 一杯美式咖啡、一杯卡布奇诺和一块芝士蛋糕。
Yì bēi Měishì kāfēi、yì bēi Kǎbùqínuò hé yí kuài zhīshì dàngāo.
아메리카노 한 잔, 카푸치노 한 잔, 치즈케이크 한 조각.

⑥ 一共多少钱？ Yígòng duōshao qián?
모두 얼마예요?

회화 会话 huìhuà 01

Track 70

Lǐ wěi : Wéi, Nǐ zài nǎr? Xiànzài máng ma?
李伟 : 喂[1], 你在哪儿? 现在忙吗?

Wáng Fāng: Bútài máng.
王芳 : 不太忙。

Lǐ wěi : Wǒmen qù hē bēi kāfēi, zěnmeyàng? Wǒ qǐngkè.
李伟 : 我们去喝杯[2]咖啡, 怎么样? 我请客。

Wáng Fāng: Hǎo a! Qù nǎ jiā Kāfēiguǎn hǎo ne?
王芳 : 好啊[3]! 去哪家咖啡馆好呢?

Lǐ wěi : Wǒmen qù Xīngbākè ba.
李伟 : 我们去星巴克吧。

Wáng Fāng: Hǎo de, yíhuìr jiàn.
王芳 : 好的, 一会儿[4]见。

1. '喂'는 사전에 4성으로 되어있는데 구어에서는 일반적으로 2성으로 읽는다.
2. '동사+ 一 +양사' 중의 '一'는 구어체에서 생략할 수 있다.
3. '好啊'는 예상치 못한 상대방의 말을 듣고 '기쁘다'는 어기를 나타낸다. '좋지'라는 뜻이다.
4. 여기의 '一会儿'는 시간 명사로 '잠시 뒤'라는 뜻을 나타낸다.

회화 会话 huìhuà 02

Track 71

zài kāfēiguǎn
(在咖啡馆)

Lǐ wěi : Nǐ hē shénme?
李伟 : 你喝什么?

Wáng Fāng: Wǒ hē Měishì kāfēi. Nǐ ne?
王芳 : 我喝美式咖啡。你呢?

Lǐ wěi : Wǒ hē Kǎbùqínuò. Nǐ yào chī shénme?
李伟 : 我喝卡布奇诺。你要吃什么?

Wáng Fāng: Wǒ yào chī dàngāo.
王芳 : 我要吃蛋糕。

Lǐ wěi : duì fúwùyuán
李伟 : (对服务员)

Lǐ wěi : Yì bēi Měishì kāfēi、yì bēi Kǎbùqínuò hé yí kuài zhīshì dàngāo. Yígòng duōshao qián?
李伟 : 一杯美式咖啡、一杯卡布奇诺和一块芝士蛋糕。一共[5]多少钱?

fúwùyuán : Yígòng liù shí wǔ kuài.

服务员 : 一共六十五块。

fúwùyuán : Shōu nín yì bǎi kuài, zhǎo nín sān shí wǔ kuài.

服务员 : 收您100块，找您三十五块。

⑤ '一共' 과 '都'는 모두 '전부, 모두'라는 뜻을 가지고 있지만 '一共'는 수량이나 금액을 합산할 때 쓰인다.

터치 중국문화

人民币

100元

50元

20元

10元

5元

1元

5角

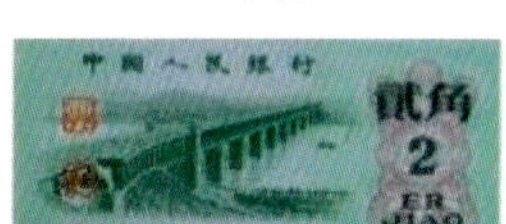

2角

1角

한자만 보고 읽어볼까요?

회화 会话 huìhuà 01

李伟　：喂，你在/哪儿？现在/忙吗？

王芳　：不太忙。

李伟　：我们去/喝杯咖啡，怎么样？我请客。

王芳　：好啊！去/哪家咖啡馆/好呢？

李伟　：我们/去星巴克吧。

王芳　：好的，一会儿/见。

회화 会话 huìhúà 02

(在咖啡馆)

李伟　：你喝/什么？

王芳　：我喝/美式咖啡。你呢？

李伟　：我喝/卡布奇诺。你/要吃/什么？

王芳　：我/要吃/蛋糕。

李伟 ：（对服务员）

一杯/美式咖啡、一杯/卡布奇诺/和/一块/芝士蛋糕。一共/多少钱?

服务员 ：一共/六十五块。

服务员 ：收您/100块，找您/三十五块。

터치 중국어

마실 것의 명칭을 알아볼까요?

茶	chá	차	拿铁	Nátiě	라떼
牛奶	niúnǎi	우유	摩卡	Mókǎ	모카
汽水	qìshuǐ	사이다	美式咖啡	Měishì kāfēi	아메리카노
白开水	báikāishuǐ	끓인 물	卡布奇诺	Kǎbùqínuò	카푸치노
矿泉水	kuàngquánshuǐ	광천수	浓缩咖啡	Nóngsuō kāfēi	에스프레소

새로 나온 단어
生词 shēngcí

Track 72

· 喂	wéi, wèi	감 (전화상에서) 여보세요 (구어에서 喂 wéi로 많이 읽는다)
· 杯	bēi	양 잔
· 请客	qǐngkè	한턱내다
· 啊	a	감 '好'의 뒤에 쓰여 상대방의 말에 동의함을 나타냄
· 家	jiā	양 회사나 은행이나 식당 등을 세는 단위
· 咖啡馆	kāfēiguǎn	명 커피숍
· 吧	ba	조 문장 맨 끝에 쓰여, 제의 · 권유 등의 어기를 나타냄
· 一会儿	yíhuìr	명 잠시 뒤
· 对	duì	개 한테, 에게
· 服务员	fúwùyuán	명 종업원
· 要	yào	조동 ~하려고 한다
· 蛋糕	dàngāo	명 케이크
· 块	kuài	양 조각, 덩어리 (구어체에서 块儿 kuàir로 많이 읽는다)
· 芝士	zhīshì	명 치즈
· 一块芝士蛋糕	yí kuài zhīshì dàngāo	치즈케이크 한 조각
· 一共	yígòng	부 모두
· 钱	qián	명 돈
· 块	kuài	양 화폐 단위, '元'의 구어체
· 收	shōu	동 받다
· 收钱	shōu qián	돈을 받다
· 找	zhǎo	동 (거스름돈을) 주다
· 找钱	zhǎo qián	거스름돈을 주다, 찾다
· 星巴克	Xīngbākè	고 스타벅스
· 美式咖啡	Měishìkāfēi	고 아메리카노
· 卡布奇诺	Kǎbùqínuò	고 카푸치노

발음
发音 fāyīn

Track 73

1 '一yī'의 성조 변화

❶ '一'은 단독으로 쓰이거나, 단어의 끝음절에 위치하거나, 서수(序数) · 기수(基数)일 경우에 모두 1성으로 읽는다.

一 yī	统一 tǒngyī
第一 dì-yī	一班 yī bān

❷ 1성, 2성, 3성 앞에 있을 경우 4성으로 읽는다.

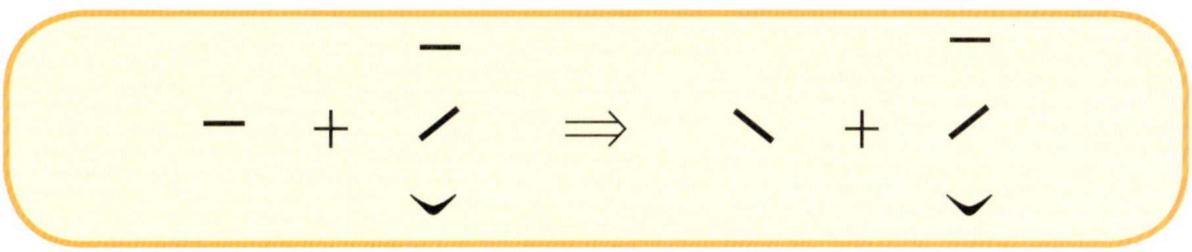

一般 yìbān	一天 yì tiān
一年 yì nián	一瓶 yì píng
一起 yìqǐ	一本 yì běn

❸ 4성 앞에 있을 경우 2성으로 읽는다.

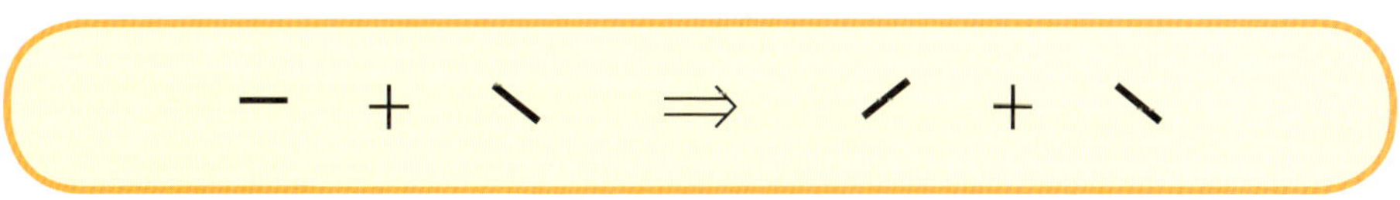

一半 yíbàn	一定 yídìng
一度 yídù	一共 yígòng

❹ '一'가 가운데에 있을 경우, 경성으로 읽는다.

听一听 tīng yi tīng	学一学 xué yi xué
看一看 kàn yi kàn	尝一尝 cháng yi cháng

어법
语法 yǔfǎ

예문을 큰 소리로 따라 해보세요! Track 74

1 위안화(人民币 rénmínbì) 읽는 방법

kuài/yuán 块 (元)	máo/jiǎo 毛 (角)	fēn 分
↑	↑	↑
28.	4	5
二十八块	四毛	五(分)

❶ 2, 2000 이상인 경우에는 반드시 '两'으로 읽어야 하고 200의 경우에는 '二'과 '两'을 다 쓸 수 있다.

2.22块	20.25块	280块	2200块
两块两毛二	二十块两毛五	二百八/两百八	两千二

❷ 화폐의 단위가 두 개 이상인 경우 마지막에 있는 단위는 읽지 않는다.

6.8块	5.25块	220块
六块八	五块两毛五	二百二/两百二

❸ 화폐의 중간 단위가 비어인 경우에는 '零'으로 읽는다.

6.08块	5.05块	105块
六块零八	五块零五	一百零五

2 연동문(连动句 Liándòngjù)

한 문장 안에서 접속사 없이 동사구가 연이어 나타내는 문장을 연동문(连动句)이라 한다. 연동문은 동작이 행해지는 순서에 따라 나타내야 한다는 것에 주의해야 한다.

긍정형 주어 + 동사1(목적어) + 동사2(목적어)

我去吃饭。	Wǒ qù chīfàn.
我去上课。	Wǒ qù shàngkè.
他来图书馆学习。	Tā lái túshūguǎn xuéxí.
他回家休息。	Tā huí jiā xiūxi.

부정형 주어+不+동사1(목적어)+동사2(목적어)

我不去吃饭。	Wǒ bú qù chīfàn.
我不去上课。	Wǒ bú qù shàngkè.
他不来图书馆学习。	Tā bù lái túshūguǎn xuéxí.
他不回家休息。	Tā bù huí jiā xiūxi.

3 ~好呢?

'~好呢?'는 '~좋을까?'를 뜻한다.

~ + 好呢?

看什么电影好呢?
Kàn shénme diànyǐng hǎo ne?

今天中午我们吃什么好呢?
Jīntiān zhōngwǔ wǒmen chī shénme hǎo ne?

我们去哪儿吃好呢?
Wǒmen qù nǎr chī hǎo ne?

明天去哪儿玩儿好呢?
Míngtiān qù nǎr wánr hǎo ne?

4 조동사 要

일반동사 앞에 쓰여 '무엇을 하려고 한다'의 뜻이다.

주어 + 要 + 동사 + 목적어

你要做什么?	Nǐ yào zuò shénme?
他要看电影。	Tā yào kàn diànyǐng.
我要学汉语。	Wǒ yào xué Hànyǔ.
他要去中国。	Tā yào qù Zhōngguó.

5 이중목적어문(双宾语句 Shuāng bīnyǔ jù)

이중목적어문은 하나의 술어 뒤에 두 개의 목적어가 있는 문장이다. 사람을 나타내는 목적어가 앞에 오고, 사물을 나타내는 목적어는 뒤에 온다. 동사는 일반적으로 "주다"류, "받다"류이다. '给(gěi, 주다), 收(shōu, 돈을 얼마 받았다), 找(zhǎo, 거스름돈을 주다)' 등의 동사가 바로 그렇다.

동사 + 사람 + 사물

我给他一本汉语书。	Wǒ gěi tā yì běn Hànyǔ shū.
我要给她一个机会。	Wǒ yào gěi tā yí ge jīhuì.
收您一百块。	Shōu nín yì bǎi kuài.
找您三十七块。	Zhǎo nín sān shí qī kuài.

새단어

机会	jīhuì	기회

연습(练习 liànxí)

중국어로 말해볼까요?(说汉语 shuō Hànyǔ)

답은 어법 부분에 있음

1

❶ 나는 밥 먹으러 가요.

❷ 나는 수업 들으러 가요.

❸ 그는 도서관으로 공부하러 와요.

❹ 그는 집으로 돌아가서 쉬어요.

2

❶ 나는 밥 먹으러 안 가요.

❷ 나는 수업 들으러 안 가요.

❸ 그는 도서관으로 공부하러 안 와요.

❹ 그는 쉬러 집으로 돌아가지 않아요.

3

❶ 무슨 영화를 보는 게 좋을까요?

❷ 오늘 점심에 무엇을 먹는 게 좋을까요?

❸ 어디 가서 먹는 게 좋을까요?

❹ 어디 가서 노는 게 좋을까요?

4 ❶ 무엇을 하려고 하십니까?

❷ 그는 영화를 보려고 합니다.

❸ 나는 중국어를 배우려고 합니다.

❹ 그는 중국에 가려고 합니다.

5 ❶ 나는 그에게 중국어 책 한 권을 주었어요.

❷ 나는 그녀에게 기회를 한 번 주려고 해요.

❸ 100원을 받았습니다.

❹ 거스름돈 37원을 드립니다.

단어 테스트를 해 볼까요? (单词测验 dāncí cèyàn)

한자	병음	한국어	한자	병음	한국어
咖啡馆			要		
蛋糕			收		
芝士			找		
杯			请客		
一共			收钱		
喂			找钱		
钱			星巴克		
服务员			美式咖啡		
对			卡布奇诺		

한자	병음	한국어
一会儿		
块(조각; '元'의 구어체)		
一块芝士蛋糕		

마무리해볼까요?(复习课文 fùxí kèwén)

답은 본 과의 회화문임

병음을 보고 한자를 쓰세요.(看拼音写汉字 kàn pīnyīn xiě Hànzì)

회화 会话 huìhuà 01

Lǐ wěi : Wéi, Nǐ zài nǎr? Xiànzài máng ma?

李伟 : ....

Wáng Fāng : Bútài máng.

王芳 : ....

Lǐ wěi : Wǒmen qù hē bēi kāfēi, zěnmeyàng? Wǒ qǐngkè.

李伟 : ....

Wáng Fāng : Hǎo a! Qù nǎ jiā Kāfēiguǎn hǎo ne?

王芳 : ....

Lǐ wěi : Wǒmen qù Xīngbākè ba.

李伟 : ....

Wáng Fāng : Hǎo de, yíhuìr jiàn.

王芳 : ....

회화 02
会话 huìhuà

zài kāfēiguǎn
(在咖啡馆)

Lǐ wěi : Nǐ hē shénme?
李伟 : ....

Wáng Fāng : Wǒ hē Měishì kāfēi. Nǐ ne?
王芳 : ....

Lǐ wěi : Wǒ hē Kǎbùqínuò. Nǐ yào chī shénme?
李伟 : ....

Wáng Fāng : Wǒ yào chī dàngāo.
王芳 : ....

Lǐ wěi : duì fúwùyuán
李伟 : (对服务员)

Lǐ wěi : Yì bēi Měishì kāfēi、yì bēi Kǎbùqínuò hé yí kuài zhīshì dàngāo. Yígòng duōshao qián?
李伟 : ....

....

fúwùyuán : Yígòng liù shí wǔ kuài.
服务员 : ....

fúwùyuán : Shōu nín yì bǎi kuài, zhǎo nín sān shí wǔ kuài.
服务员 : ....

회화 연습 (对话练习 duìhuà liànxí)

1. 你喜欢喝咖啡吗？喜欢喝什么咖啡？
2. 你一般去哪家咖啡馆喝咖啡？
3. 在韩国，一杯美式咖啡多少钱？
4. 在韩国，一块芝士蛋糕多少钱？
5. 你跟朋友一起去喝咖啡的时候，一般谁请客？

상황 설정 회화 (场景对话)

1. 你约朋友喝咖啡

   你忙~，~喝咖啡~，请客

2. 在咖啡馆

   一杯~，一块~，一共~，给你~

约	yuē	초청하다, 부르다

第十课

Nǐ de àihào shì shénme?

你的爱好是什么?

당신의 취미는 뭐예요?

학습포인트
学习重点 xuéxí zhòngdiǎn

Track 75

1 의문대명사 谁　2 선택의문문　3 구조 조사 的 (2)

큰 소리로 읽으세요! (大声朗读 dàshēng lǎngdú)

1. 你的爱好是什么?　Nǐ de àihào shì shénme?
   당신의 취미는 뭐예요?
2. 这个周末你打算做什么?
   Zhè ge zhōumò nǐ dǎsuan zuò shénme?
   이번 주말에 무엇을 할 계획인가요?
3. 星期六上午十点在学校门口见，怎么样?
   Xīngqī liù shàngwǔ shí diǎn zài xuéxiào ménkǒu jiàn，zěnmeyàng?
   토요일 오전 10시에 학교 입구에서 보는 게 어때요?
4. 你喜不喜欢听音乐?　Nǐ xǐ bu xǐhuan tīng yīnyuè?
   너는 음악 듣는 걸 좋아하나요?
5. 你喜欢听谁的歌?　Nǐ xǐhuan tīng shéi de gē?
   너는 누구 노래 듣는 것을 좋아하나요?
6. 你最喜欢听的是中国歌还是韩国歌?
   Nǐ zuì xǐhuan tīng de shì Zhōngguó gē háishi Hánguó gē?
   당신이 가장 좋아하는 노래는 중국 노래인가요? 한국 노래인가요?

회화 会话 huìhuà 01

Track 76

Dàhán : Nǐ de àihào shì shénme?
大韩 : 你的爱好是什么？

Měijīng : Wǒ Xǐhuan dǎ wǎngqiú. Nǐ ne?
美京 : 我喜欢打[1]网球。你呢？

Dàhán : Wǒ yě xǐhuan dǎ wǎngqiú.
大韩 : 我也喜欢打网球。

Měijīng : Zhè ge zhōumò nǐ dǎsuan zuò shénme?
美京 : 这个周末你打算做什么？

Dàhán : Wǒ méi shénme dǎsuan.
大韩 : 我没什么打算[2]。

Měijīng : Nà, wǒmen zhōumò qù dǎ wǎngqiú ba.
美京 : 那，我们周末去打网球吧。

Dàhán : Hǎo, xīngqī liù shàngwǔ shí diǎn zài xuéxiào ménkǒu jiàn, zěnmeyàng?
大韩 : 好，星期六上午十点在学校门口见，怎么样？

Měijīng : Hǎo de, yì yán wéi dìng!
美京 : 好的，一言为定！

1. 팔로 하는 운동은 일반적으로 동사 '打'를 쓰고 발로 하는 운동은 일반적으로 동사 '踢'를 쓴다.
2. '没什么打算'는 특별한 계획이 없음을 나타낸다.

회화 会话 huìhuà 02

Track 77

Lǐ wěi　: Nǐ xǐ bu xǐhuan tīng yīnyuè?

李伟　: 你喜不喜欢❸听音乐?

Wáng Fāng: Fēicháng xǐhuan. Nǐ ne?

王芳　: 非常喜欢。你呢?

Lǐ wěi　: Wǒ yě fēicháng xǐhuan.

李伟　: 我也非常喜欢。

Wáng Fāng: Nǐ xǐhuan tīng shéi de gē?

王芳　: 你喜欢听谁❹的歌?

Lǐ wěi　: Zhōu Jiélún、Lín Jùnjié、Shàonǚshídài de gē, wǒ dōu xǐhuan.

李伟　: 周杰伦、林俊杰、少女时代的歌，我都❺喜欢。

Wáng Fāng: Nǐ zuì xǐhuan tīng de shì Zhōngguó gē háishi Hánguó gē?

王芳　: 你最喜欢听的是中国歌还是韩国歌?

Lǐ wěi　: Dāng rán shì Zhōngguó gē.

李伟　: 当然是中国歌。

❸ 쌍음절 형용사나 동사가 정반의문문으로 쓰이는 경우에는 AB不AB형식보다 A不AB형식으로 쓰는 게 더 자연스럽다.

❹ '谁(shéi)'의 또 다른 발음 'shuí'도 있는데 구어에서 'shéi'를 많이 사용한다.

❺ 여기의 '都'는 '都' 앞의 '周杰伦', '林俊杰', '少女时代' 모두를 가리킨다.

한자만 보고 읽어볼까요?

회화 会话 huìhuà 01

大韩 : 你的爱好/是什么?

美京 : 我喜欢/打网球。你呢?

大韩 : 我也/喜欢/打网球。

美京 : 这个周末/你打算/做什么?

大韩 : 我/没什么打算。

美京 : 那, 我们/周末/去/打网球吧。

大韩 : 好, 星期六/上午十点/在学校门口/见, 怎么样?

美京 : 好的, 一言为定!

회화 会话 huìhuà 02

李伟 : 你喜不喜欢/听音乐?

王芳 : 非常喜欢。你呢?

李伟 : 我也/非常喜欢。

王芳 : 你喜欢/听/谁的歌?

李伟 : 周杰伦、林俊杰、少女时代的歌, 我/都喜欢。

王芳 : 你/最喜欢听的/是/中国歌/还是/韩国歌?

李伟 : 当然是/中国歌。

새로 나온 단어
生词 shēngcí

Track 78

爱好	àihào	명 취미
喜欢	xǐhuan	동 좋아하다
打	dǎ	동 (손이나 도구를 이용하여) 치다, 두드리다, 때리다
网球	wǎngqiú	명 테니스
打网球	dǎ wǎngqiú	테니스를 치다
那(么)	nà (me)	접 그러면, 그렇다면
周末	zhōumò	명 주말
打算	dǎsuan	동 ~ 할 계획이다 명 계획
没什么	méi shénme	별것 아니다
门口	ménkǒu	명 입구, 현관
一言为定	yì yán wéi dìng	한마디로 정하다
听	tīng	동 듣다
音乐	yīnyuè	명 음악
听音乐	tīng yīnyuè	음악을 듣다
非常	fēicháng	부 대단히
谁	shéi	대 누구, 누가
歌	gē	명 노래(구어에서 일반적으로 '歌儿gēr'라고 많이 읽는다)
最	zuì	부 가장, 제일
的	de	조 동사, 동사구, 형용사의 뒤에 쓰여 그 뒤의 중심어 명사나 대명사를 수식한다
还是	háishi	접 또는, 아니면(의문문에 쓰여 선택을 나타냄)
当然	dāngrán	부 당연히
周杰伦	Zhōu Jiélún	고 주걸윤
林俊杰	Lín Jùnjié	고 임준걸
少女时代	Shàonǚshídài	고 소녀시대

어법
语法 yǔfǎ

예문을 큰 소리로 따라 해보세요! Track 79

1 심리동사 喜欢

주어 + 喜欢 + 목적어

你的爱好是什么? Nǐ de àihào shì shénme?
→ 我喜欢打棒球。 Wǒ xǐhuan dǎ bàngqiú.
→ 我喜欢打乒乓球。 Wǒ xǐhuan dǎ pīngpāngqiú.
→ 我喜欢看书。 Wǒ xǐhuan kàn shū.
→ 我喜欢看电影。 Wǒ xǐhuan kàn diànyǐng.

새단어

棒球	bàngqiú	야구	乒乓球	pīngpāngqiú	탁구

주어 + 喜欢 + 동사 + 목적어

你喜欢看什么片儿? Nǐ xǐ huān kàn shén me piānr?
→ 我喜欢看喜剧片儿。 Wǒ xǐhuan kàn xǐjù piānr.
→ 我喜欢看爱情片儿。 Wǒ xǐhuan kàn àiqíng piānr.
→ 我喜欢看动作片儿。 Wǒ xǐhuan kàn dòngzuò piānr.
→ 我喜欢看恐怖片儿。 Wǒ xǐhuan kàn kǒngbù piānr.

새단어

喜剧片儿	xǐjùpiānr	코미디 영화	动作片儿	dòngzuòpiānr	액션 영화
爱情片儿	àiqíngpiānr	멜로 영화	恐怖片儿	kǒngbùpiānr	공포 영화

주어 + 喜(欢)+ 不 + 喜欢 + 목적어

你喜不喜欢运动？	Nǐ xǐ bu xǐhuan yùndòng?
你喜不喜欢看小说？	Nǐ xǐ bu xǐhuan kàn xiǎoshuō?
你喜不喜欢看电影？	Nǐ xǐ bu xǐhuan kàn diànyǐng?
你喜不喜欢打电脑游戏？	Nǐ xǐ bu xǐhuan dǎ diànnǎo yóuxì?

새단어

电脑	diànnǎo	컴퓨터	打游戏	dǎyóuxì	게임하다
游戏	yóuxì	게임			

2 조동사 打算

'打算'는'~할 계획이다'란 뜻이다. 우리말은 문장 끝에 두지만, 중국어에서는 '주어+동사+목적어' 어순이기 때문에 다른 조동사처럼 주어 뒤, 본동사 앞에 위치한다.

주어 + 打算 + 술어

我打算学汉语。
Wǒ dǎsuan xué Hànyǔ.

我明天打算去看电影。
Wǒ míngtiān dǎsuàn qù kàn diànyǐng.

这个周末我打算去打网球。
Zhè ge zhōumò wǒ dǎsuàn qù dǎ wǎngqiú.

下个月我打算去中国。
Xià ge yuè wǒ dǎsuàn qù Zhōngguó.

3 의문대명사 谁

'谁'를 사용하여 의문대명사 의문문을 만든다. '谁'는 목적어, 주어 두 가지 위치에 넣을 수 있다. 대답할 때는 어순의 변동 없이 '谁'의 자리에 대답하는 단어를 넣어 대답하면 된다.

주어 + 동사 + 谁(谁的~)

他是谁?	Tā shì shéi?
那个人是谁?	Nà ge rén shì shéi?
这本书是谁的?	Zhè běn shū shì shéi de?
这是谁的汉语书?	Zhè shì shéi de Hànyǔ shū?

谁 + 동사 + (목적어)
谁 (谁的~) + 형용사

谁叫金美京?	Shéi jiào Jīn Měijīng?
谁喜欢看中国电影?	Shéi xǐhuan kàn Zhōngguó diànyǐng?
你家谁最忙?	Nǐ jiā shéi zuì máng?
谁的个子最高?	Shéi de gèzi zuì gāo?

새단어

跟	gēn	~와(과)

4 선택의문문 A还是B

'A还是B' 와 같은 형식으로, 둘 중 어떤 것을 선택하는 의문문을 선택의문문이라고 한다. A와 B 부분에는 단어뿐만 아니라 구가 올 수도 있다. 답할 때 둘 중 하나를 선택하거나 둘을 모두 선택하거나 둘을 모두 선택하지 않을 수도 있다

A + 还是 + B

你喝茶还是咖啡？
Nǐ hē chá háishi kāfēi?

你来我这儿，还是我去你那儿？
Nǐ lái wǒ zhèr，háishi wǒ qù nǐ nàr?

你要吃中国菜还是韩国菜？
Nǐ yào chī Zhōngguó cài háishi Hánguó cài?

你在这儿喝还是带走？
Nǐ zài zhèr hē háishi dài zǒu?

새단어

菜	cài	요리	带走	dài zǒu	가져가다

5 구조 조사 的 (2)

관형어 뒤에 쓰여 그 뒤의 중심어 명사나, 대명사를 수식한다. 이때의 관형어는 동사, 동사구, 형용사 등이며, '的'를 붙여 '~은', '~는', '~운' 형태로 만든다. 중심어가 생략될 경우, '~것'로 번역한다.

동사/동사구 + 的 + 중심어

打乒乓球的人是谁？
Dǎ pīngpāngqiú de rén shì shéi?

我喜欢吃的水果是苹果。
Wǒ xǐhuan chī de shuǐguǒ shì píngguǒ.

我喜欢听的中文歌是《甜蜜蜜》。
Wǒ xǐhuan tīng de zhōngwén gē shì 《tiánmìmì》.

最近学习汉语的学生很多。
Zuìjìn xuéxí Hànyǔ de xuésheng hěn duō.

형용사/형용사구 + 的 + 중심어

他是一个很聪明的学生。
Tā shì yíge hěn cōngming de xuésheng.

我们都是很普通的人。
Wǒmen dōu shì hěn pǔtōng de rén.

새단어

甜蜜蜜	tiánmìmì	첨밀밀	普通	pǔtōng	평범하다

터치 중국어

영화의 장르를 알아볼까요?

剧情片儿	jùqíng piānr	드라마	魔幻片儿	móhuàn piānr	판타지
科幻片儿	kēhuàn piānr	SF	动画片儿	dònghuà piānr	애니메이션
战争片儿	zhànzhēng piānr	전쟁	纪录片儿	jìlù piānr	다큐멘터리
动作片儿	dòngzuò piānr	액션	推理片儿	tuīlǐ piānr	추리
恐怖片儿	kǒngbù piānr	호러	传记片儿	zhuànjì piānr	전기 영화
喜剧片儿	xǐjù piānr	코메디	歌舞片儿	gēwǔ piānr	뮤지컬 영화, 오페라 영화
武侠片儿	wǔxiá piānr	무협			
惊悚片儿	jīngsǒng piānr	스릴러	伦理片儿	lúnlǐ piānr	윤리 영화
爱情片儿	àiqíng piānr	멜로	首映	shǒuyìng	개봉하다

연습(练习 liànxí)

중국어로 말해볼까요?(说汉语 shuō Hànyǔ)

답은 어법 부분에 있음

1 너의 취미는 뭐니?

❶ 나는 야구하는 걸 좋아해요.

❷ 나는 탁구 치는 걸 좋아해요.

❸ 나는 책을 읽는 걸 좋아해요.

❹ 나는 영화 보는 걸 좋아해요.

2 무슨 장르의 영화 보는 걸 좋아하니?

❶ 나는 코미디 영화를 좋아해요.

❷ 나는 멜로 영화를 좋아해요.

❸ 나는 액션 영화를 좋아해요.

❹ 나는 공포 영화를 좋아해요.

3 ❶ 운동하는 걸 좋아하니 안 좋아하나요?

❷ 소설 읽는 걸 좋아하니 안 좋아하나요?

❸ 영화 보는 걸 좋아하니 안 좋아하나요?

❹ 컴퓨터 게임하는 걸 좋아하니 안 좋아하나요?

4 ❶ 너는 중국어를 공부할 계획이다.

❷ 나는 영화 보러 갈 계획이다.

❸ 이번 주말에 나는 테니스를 치러 갈 계획이다.

❹ 다음 달에 나는 중국에 갈 계획이다.

5 ❶ 그는 누구예요?

❷ 그 사람은 누구예요?

❸ 이 책은 누구의 것이에요?

❹ 이것은 누구의 중국어 책이에요?

6 ❶ 누구 이름이 김미경이에요?

❷ 누가 중국 영화를 좋아해요?

❸ 당신 집에서 누가 가장 바빠요?

❹ 누구의 키가 가장 크나요?

7 ❶ 차를 마실래요? 아니면 커피 마실래요?

❷ 나한테 올래요? 아니면 내가 너한테 갈까요?

❸ 중국 요리 먹을래요? 아니면 한국 요리 먹을래요?

❹ 여기서 마실래요? 아니면 가져갈래요?

8 ❶ 탁구를 치고 있는 사람은 누구세요?

❷ 내가 가장 좋아하는 과일은 사과예요.

❸ 내가 가장 좋아하는 중국어 노래는『첨밀밀』이에요.

❹ 최근 중국어를 공부하는 학생이 많아요.

❺ 그는 참 똑똑한 학생이에요.

❻ 우리는 다 평범한 사람이에요.

단어 테스트를 해 볼까요?(单词测验 dāncí cèyàn)

한자	병음	한국어	한자	병음	한국어
最			喜欢		
还是			爱好		
当然			音乐		
歌			网球		
门口			打网球		
周末			听音乐		
打			没什么		
听			谁		
打算			非常		

一言为定 ______________ ______________

마무리해볼까요?(复习课文 fùxí kèwén)

답은 본 과의 회화문임

병음을 보고 한자를 쓰세요.(看拼音写汉字 kàn pīnyīn xiě Hànzì)

회화 会话 huìhuà 01

Dàhán : Nǐ de àihào shì shénme?

大韩 : ....

Měijīng : Wǒ Xǐhuan dǎ wǎngqiú. Nǐ ne?

美京 : ....

Dàhán : Wǒ yě xǐhuan dǎ wǎngqiú.

大韩 : ....

Dàhán : Zhè ge zhōumò nǐ dǎsuan zuò shénme?

大韩 : ....

Měijīng : Wǒ méi shénme dǎsuan.

美京 : ....

Měijīng : Nà, wǒmen zhōumò qù dǎ wǎngqiú ba.

美京 : ....

Dàhán : Hǎo, xīngqī liù shàngwǔ shí diǎn zài xuéxiào ménkǒu jiàn, zěnmeyàng?

大韩 : ....

Měijīng : Hǎo de, yì yán wéi dìng!

美京 : ....

회화 会话 huìhuà 02

Lǐ wěi : Nǐ xǐ bu xǐhuan tīng yīnyuè?

李伟 : ....

Wáng Fāng : Fēicháng xǐhuan. Nǐ ne?

王芳 : ....

Lǐ wěi : Wǒ yě fēicháng xǐhuan.

李伟 : ....

Wáng Fāng : Nǐ xǐhuan tīng shéi de gē?

王芳 : ....

Lǐ wěi : Zhōu Jiélún、Lín Jùnjié、Shàonǚshídài de gē, wǒ dōu xǐhuan.

李伟 : ....

Wáng Fāng : Nǐ zuì xǐhuan tīng de shì Zhōngguó gē háishi Hánguó gē?

王芳 : ....

Lǐ wěi : Dāngrán shì Zhōngguó gē.

李伟 : ....

회화 연습 (对话练习 duìhuà liànxí)

1 你的爱好是什么?

2 你喜欢打网球吗?

3 你喜欢听音乐吗?

4 你喜欢听谁的歌?

5 你最喜欢听中国歌还是韩国歌?

상황 설정 회화 (场景对话)

1 배경: 파트너가 당신한테 축구하거나 볼링치러 가자고 할 때 호응하고 약속을 해보세요.

> 这个周末~，我不喜欢~，那~怎么样，好的~

2 배경: 파트너가 당신한테 축구하거나 볼링치러 가자고 할 때 거절하고 이유를 얘기해 보세요.

> 这个周末我~，这周我有~，最近我身体~

踢足球	tīzúqiú	축구하다
打保龄球	dǎ bǎolíngqiú	볼링을 치다
身体	shēntǐ	건강

본문해석

03 당신은 요즘 잘 지내나요?

회화 01

대　한: 선생님, 안녕하세요!
선생님: 안녕!
대　한: 선생님, 안녕히 계세요!
선생님: 내일 보자!

회화 02

대한 : 넌 요즘 잘 지내니?
미경 : 잘 지내. 넌?
대한 : 나도 잘 지내.
미경 : 우리 내일 보자!
대한 : 내일 보자!

04 중국어는 아주 재미있어요.

회화 01

왕방 : 좋은 아침!
이위 : 좋은 아침!
왕방 : 무엇을 먹을래?
이위 : 나는 유탸오를 먹을래. 넌?
왕방 : 나는 유탸오를 안 먹고 밥 먹을래.

회화 02

대한 : 좋은 아침!
미경 : 좋은 아침!
대한 : 무엇을 마실래?
미경 : 나는 커피 마실래. 너는?
대한 : 나도 커피 마실래.

회화 03

대한 : 무엇을 배우니?
미경 : 나는 중국어를 배워. 너는?
대한 : 나는 영어를 배워.
　　　중국어는 재미있어?
미경 : 중국어는 재미있어. 영어는 어때?
대한 : 영어도 재미있어.

05 신화서점은 어디에 있나요?

회화 01

왕방 : 오랜만이야.
이위 : 오랜만이야.
왕방 : 어디 가니?
이위 : 학교에 가. 너는?
왕방 : 나는 신화 서점에 가.

회화 02

왕 방: 실례합니다. 신화서점은 어디에 있나요?
행인A: 미안합니다만 잘 모르겠어요.
왕 방: 실례합니다. 신화서점은 어디에 있나요?
행인B: 바로 저기에 있어요.
왕 방: 감사합니다!
행인B: 별말씀을요.

06 이름이 뭐예요?

회화 01

대 한: 선생님의 성은 어떻게 되세요?

선생님: 왕씨예요.

대 한: 왕선생님, 안녕하세요!

선생님: 안녕! 이름이 뭐예요?

대 한: 저는 김대한이라고 합니다.

회화 02

대한 : 어느 나라 사람입니까?

왕방 : 저는 중국 사람입니다. 한국 사람이 맞지요?

대한 : 맞아요. 저는 한국 사람입니다.

왕방 : 그는요?

대한 : 이 사람이 내 중국 친구인 이위입니다.

회화 03

왕방 : 어느 지역 사람입니까?

대한 : 저는 서울 사람이고 그녀는 부산 사람입니다. 당신들은요?

왕방 : 저는 상하이 사람입니다.

대한 : 나는 북경 사람입니다.

07 식구는 몇 명입니까?

회화 01

왕방 : 식구는 몇 명입니까?

대한 : 우리 집은 여섯 식구입니다.

왕방 : 누구누구 있습니까?

대한 : 아버지, 어머니, 형 두 명, 여동생 한 명, 저입니다. 형제자매가 있습니까?

왕방 : 없습니다. 외동딸입니다.

회화 02

대한 : 올해 몇 살이에요?

왕방 : 스물 두 살. 너는?

대한 : 열아홉이에요.

왕방 : 부모님이 연세는 어떻게 되시니?

대한 : 아버지는 55세, 어머니는 52세에요.

왕방 : 부모님은 무슨 일을 하시니?

대한 : 아버지는 의사이시고 어머니는 일을 안 하세요.

회화 03

왕방 : 휴대전화 번호는 몇 번이니?

대한 : 133-0100-4101야. 너는?

왕방 : 138-0100-8888야.

대한 : 네 아이폰이 정말 예쁘다!

왕방 : 고마워!

08 너 몇 시에 수업이 있니?

회화 01

이위 : 오늘 몇 월 며칠입니까?

왕방 : 오늘 2월 2일입니다.

이위 : 오늘 무슨 요일입니까?

왕방 : 오늘 화요일입니다.

이위 : 지금 몇 시에요?

왕방 : 지금 두 시 15분이에요.

회화 02

이위 : 오늘 수업이 없니?

왕방 : 아니야. 난 매일 수업이 있어.

이위 : 오늘 몇 시에 수업이 있니?

왕방 : 오후 2시 반이야. 무슨 요일에 수업이 있니?

이위 : 월, 수, 금에 수업이 있고 화, 목은 수업이 없어.

회화 03

이위 : 생일이 몇 월 며칠이에요?

왕방 : 5월8일입니다. 이위씨는요?

이위 : 오늘이 내 생일이에요.

왕방 : 정말이에요? 생일 축하해요!

이위 : 나는 오늘 저녁에 서라벌에서 생일 파티를 열어요. 초청할게요.

왕방 : 좋아요. 꼭 갈게요.

09 오늘은 제가 사겠습니다.

회화 01

따르릉

이위 : 어디니? 지금 바빠?

왕방 : 별로 바쁘지는 않아.

이위 : 그럼 우리 커피 한 잔 마시러 가자. 어때? 내가 살게.

왕방 : 좋지! 어느 커피숍에 갈까?

이위 : 스타벅스에 가자.

왕방 : 좋아, 조금 후에 보자!

회화 02

(커피숍에서)

이위 : 뭘 마실래?

왕방 : 나는 아메리카노로 할래. 넌?

이위 : 나는 카푸치노 마실래. 뭘 먹을래?

왕방 : 케이크를 먹을래.

이위 : (종업원한테)
아메리카노 한 잔, 카푸치노 한 잔, 치즈케이크 한 조각, 모두 얼마예요?

종업원: 합쳐서 65위안이에요.

종업원: 100위안을 받았습니다. 거스름돈 35위안입니다.

10 당신의 취미는 뭐에요?

회화 01

대한 : 너의 취미는 뭐니?

미경 : 난 테니스 치는 걸 좋아해. 너는?

대한 : 나도 테니스를 치는 걸 좋아해.

미경 : 이번 주말에 무엇을 할 계획이니?

대한 : 딱히 계획은 없어.

미경 : 그럼 우리 주말에 테니스를 치러 가자.

대한 : 좋아. 토요일 오전 10시에 학교 입구에서 보는 게 어때?

미경 : 좋아. 그렇게 하자!

회화 02

이위 : 음악 듣는 걸 좋아하니?

왕방 : 정말 좋아해. 너는?

이위 : 나도 정말 좋아해.

왕방 : 너는 누구 노래 듣는 것을 좋아하니?

이위 : 주걸균, 임준걸, 소녀시대의 노래, 다 좋아해.

왕방 : 가장 좋아하는 노래는 중국 노래니? 아니면 한국 노래니?

이위 : 당연히 중국 노래지.

곡효여(曲晓茹)

중국 대련(大连) 출신
성균관대학교 중문과 학사, 석사
성균관대학교 중문과 박사 수료
현 국민대학교 사회과학대학 국제학부 중국학전공 조교수
현 한국중국언어학회 회원

곡효운(曲晓云)

중국 대련(大连) 출신
중국 남개대학(南开大学) 일문과 학사
연세대학교 중문과 석사, 박사
서울여자대학교 중문과 전임교수 역임
현 광운대학교 교양학부 부교수
현 한국중국언어학회 학술이사

친절한 중국어 亲亲汉语 LEVEL 01

초판인쇄 | 2013년 2월 15일
초판발행 | 2013년 2월 20일
저 자 | 곡효여 • 곡효운
발 행 처 | 도서출판 그린
발 행 인 | 윤덕우
출판등록 | 제 8-161호
주 소 | 서울시 서대문구 연희동 219-20
전 화 | (02)333-2574, 2575
팩 스 | (02)333-2561
메 일 | greenpress@greenpress.co.kr
홈페이지 | www.greenpress.co.kr

ISBN: 978-89-5727-193-3

정가 14,500원